W9-AUE-289

114

CONTENTS

序

好多年前就想寫一本有關移民生活的短篇小說集，但不知道該把這些故事放置在什麼地點。二○○五年二月初，《世界日報》請我參加一個會議，該會在紐約的法拉盛市中心舉行。那是我第一次去法拉盛，見到熙攘的街道和大量的華人移民。他們大多來自大陸和台灣，在這裡落地，開始新的生活。繁雜的街景讓我十分感動，我想許多美國城鎮一定就是這樣開始的，於是我決定將所有的故事安置在法拉盛。後來我常去那裡察訪，主要是尋找細節，並保證它們在書中都準確。前後一共大約去過二十次。如今法拉盛已經是紐約的新中國城，所以也可以說《落地》是新中國城的故事。

這些故事有些是基於大家都知道的事件，比如臨時夫妻、家庭健康助理的辛酸，被拒發工資的和尚等等。不過，那些都是新聞，而作家的工作是把新聞變成文學，使它成爲永久的新聞。有一種偏見認爲華僑的生活根本就不該寫，用葛浩文的話來說：「美國人對華僑不感興趣，他們並不想知道中國人在唐人街怎麼生活。」（《新京報》2008．3．23）言外之意，應該寫那個「大中國」。其實作家的眼界不光是寫什麼，也包括怎麼寫。在舞蹈表演中誰能將舞和舞者分離開呢？藝術家的本領應該是能通過微卑的生命展示複雜洶湧的人生，就像愛默森說的能從一滴水看到宇宙。除了藝術眼光，這也是一個人生價值的問題。爲什麼一位中國城裡的新移民就不可以與那個「大中國」擁有同等的藝術機遇呢？

《落地》出版後受到許多美國讀者的喜愛，因爲這些華人移民的故事也是他們自己的或是他們父輩和祖輩的故事，也是世界上無數孤獨堅忍、尋找家園之人的故事。

雖然這些故事是用英語寫成的，但我相信它們也能在漢語的讀者中引起共鳴。我一直堅持可譯性是創作的準則，因爲文學的價值是普世的。細心的讀者會發現，這些故事的漢譯文是一句一句按原文硬譯下來的。在譯文中我只加了一句話：「人窮志就短。」（〈兩面夾攻〉）因爲這個玩笑實在沒法在英語裡開。當然了，一些移民的英語口音和誤用無法完全在漢語中再現，但漢譯文仍有鮮活的一面——我下筆時仍可以感到整個漢語的分量，而在英語中我卻很難找到這種感覺。在不同的場合我說過選擇英文寫作是我個人的悲劇，這主要是指寫作過程中的勞動量。比如，《落地》的譯文最多用了我花在英語原文上的百分之五的功夫。我常想如果把同樣的精力花費在漢語上，也許我能寫出更好的作品。不過，那只是想入非非。英文寫作的確使我變得獨立和堅強，還給了我一個意外的機會，就是在別的語言中找到讀者。

這回親自譯這本書還有一份私心。我過去一直強調思鄉是一種沒有意義的情感，因爲人應當面對已經造就的世界，必須往前走。記得七、八年前，在一場講演之後，一位中年婦女來到我面前笑著說：「等你到六十歲時，你就會說出不同的話。」她是對的。現在我已經五十多歲了，開始對思鄉有不同的理解，有時也眞地很想家。但我父親是軍人，從小我們就到處搬家，所以無法說哪裡是家鄉。然而，思鄉的確是一種難以壓抑的感情，就像愛情。由於找不到故鄉，我就把這份心緒的一部分傾注到《落地》的譯文中，以在母語中建立一個小小的「別墅」。這也算是在漫長的旅途中的一個停歇之處。

哈金於二〇〇九年十二月十一日

獻給麗莎

互聯網之災

過去妹妹玉琴和我常通信。信從紐約走到四川需要十幾天，我一般每月寫一封。玉琴結婚後經常出麻煩，但我倒不必時時都掛牽她。五年前她的婚姻開始出現問題。她丈夫跟他的女上司搞起了婚外戀，回到家時常常醉得搖搖晃晃。一天夜裡他狠狠地打了玉琴一頓，把她踢流產了。她聽了我的話，跟丈夫離了婚。後來她就自己過，好像還舒心。我勸她再找個對象，那年她才二十六，但她說這一輩子再不需要男人了。玉琴能幹，有一個平面設計的學位，生活也還寬裕。四年前她買了一套自己的公寓；我給她寄去了兩千美元，幫她付頭款。

去年秋天她開始給我發電子郵件。起初我好興奮，每天夜裡我倆都閒聊。我們不再通信了。我甚至都不給父母寫信了，因爲玉琴住得離他們很近，有事可以轉告。最近她說想買輛車。我對這個想法不以爲然，儘管她已經付清了房屋貸款。我們家鄉是座小城市；騎自行車不用半小時就可以從這頭跑到那頭；她根本用不著汽車。在那邊養車太貴了——汽油、保險、登記掛牌、維修、橋路收費，加在一起是一筆相當大的花銷。我告訴她我沒有車，雖然每天都通勤，從布魯克林去法拉盛上班。但她堅持要買一輛，因爲她大多數的朋友都有車。她寫道：「我要叫那小子瞧瞧我過得多麼好。」她指的是她前夫。我勸她把那人從心裡抹掉，就像他根本沒存在過。冷漠是最有力的蔑視。一連幾星期她沒再提買車的事。

不久她告訴我她通過路試了，塞給了考官五百元，還花了三千元的筆試費和駕照費。她解釋：「姊姊，我必須有一輛車。昨天咱們的小姪女敏敏進城來了，開著一輛嶄新的大眾轎車。看見那個漂亮的德國貨，我覺得萬箭穿心。人人都比我過得好，我不想活了。」

我意識到她不光是想要對她前夫炫耀，還染上了全國性的汽車熱。我告訴她這太荒唐，簡直瘋了。我知道她攢了些錢。她每年年終都拿一大筆獎金，晚上還做些自己接的活兒。可她怎麼變得這麼虛榮，這麼固執？我勸她理智些。她卻聲稱這不可能，因爲我們家鄉裡「每個人」都開車。我說她不是每個人，不必跟別人學。可她不聽，向我借錢，要我趕緊給她匯過去。她承認在銀行裡已經存了一筆款，約有八萬元。

既然她那麼想要車，買一輛不就得了？她回答：「你不明白，姊姊。我不能開國產車。要是我那麼做，人家會認爲我寒酸，笑話我。德國車和日本車太貴了，所以我可能買一輛現代伊蘭特或福特．福克斯。請電匯給我一萬美元。我求你了，就幫小妹一下吧！」

眞是神經病。外國車在中國賣雙倍的價錢。一輛福特．金牛在四川要二十五萬人民幣，相當三萬多美元啊。我告訴玉琴汽車不過是個交通工具，沒必要那麼講究，她必須放下虛榮。當然了，我不會借給她錢，那等於牛排打狗，有去無回。於是我說不借。我目前還在付房租，必須攢足首期付款好在皇后區買個小公寓。我家那邊總以爲我在這裡隨隨便便就能賺到錢。無論我怎麼解釋，他們都不會明白我在那家壽司店裡工作得多麼辛苦。我每週幹七天，每天十多個小時，侍候顧客用餐。晚上十點下班時，腿都站腫了。我可能永遠也攢不夠買公寓的頭款。我想儘早不幹這活兒了，去開個小生意，自負盈虧，像一家指甲店或視頻店。我必須每分每角都算計。

玉琴和我爭持了兩個星期。我眞恨死那些電子郵件了！每天早上一打開電腦就看見她傳過來了一個，有時候三四個。我經常想算了，不讀它們，但是如果眞那麼做了，我在班上就發慌，好像吃了什麼東西要鬧肚子。如果最初我假裝沒收到她的電子郵件就好了，那樣我們就可以繼續寫信。我以前相信在美國你能重新確定自己跟家人那邊的關係——你可以按自己的意願重新生活。但互聯網把一切都搞亂了——我家那頭隨時都能逮住我。他們就像住在附近。

四天前玉琴傳過來這麼個郵件：「姊姊，既然你拒絕幫我，我就決定自己行動。無論如何，我必須有輛車。請別怨我。下面是個網址，你應該過去看一眼。」

我上班已經晚了，就沒去那個網站。一整天我不斷尋思她在搞什麼名堂，我的左眼皮跳個不停。

她也許在乞求別人捐助。她腦袋發熱，想幹啥就幹啥。夜裡我回來打開電腦時，嚇了一跳，看見她在那個人氣旺盛的網站上登了一個廣告。她宣布：「健康的年輕女人願爲您提供器官組織，好買一輛汽車。只要手術後我還能開車，願出賣任何部位。請與我聯繫，詳情洽談。」她列下了電話號碼和電郵信箱。

我琢磨著她是不是在虛造聲勢，嚇唬我。不過她是個愣頭兒青，爲了一輛該死的車，她可能毫不猶豫地賣掉一只腎，或一個眼角膜，或一塊肝臟。我搓著額頭，忍不住地罵她。

我必須趕緊行動，以防有人乘機跟她簽下合同。她是我唯一的妹妹，父母沒有男孩——一旦她有個三長兩短，家那邊就沒人來照顧老人了。如果我住在他們附近，我也許就隨她鬧騰去，但現在眞沒有什麼辦法對付她。

我給她寫過去：「好吧，傻妹妹，我借給你一萬美元。趕緊把你的廣告從那個網站上撤掉。立刻就撤！」

不一會兒她就寫回來：「謝謝啦！這就拿下來。我知道在這個世界上你是我唯一能依靠的人。」

我回答：「我借給你的是血汗錢。兩年之內你必須還清。咱們來往的郵件我都印出了一份，別以爲這筆錢你可以一筆勾銷。」

她又傳過來：「明白了。今夜做個甜蜜的夢吧，姊姊！」她加上了一個笑臉的符號。

「去你的吧！」我咕噥說。

要是我能幾週跟她沒有聯繫就好了。要是我能去什麼地方過段安靜日子就好了。

作曲家和他的鸚鵡

蘇普莉婭同拍攝組去泰國前，把從朋友那裡繼承過來的鸚鵡留給范林照管。范林從沒問過她鳥來自何處，但敢保證這隻名叫寶利的鸚鵡曾經屬於某個男人。蘇普莉婭在他之前一定交過一些男友。她是位漂亮的印度演員，總會招來羨慕的眼風。每當她人不在紐約，范林就擔心她會跟別的男人熱戀起來。

好幾次他曾暗示可能向她求婚，但她總是避開這個話題，說她的影壇生涯到三十四歲就會結束，今後五年裡得抓緊多拍幾部片子。實際上，她從未演過主角，始終演些配角。如果她什麼角色都拿不到就好了，那樣她就可能接受妻子和未來媽媽的角色。

范林不太瞭解寶利，從沒讓這隻白尾巴的小粉紅鸚鵡進入自己的作曲室。過去蘇普莉婭出差時常常把寶利寄託在「動物之家」，不過，如果只離開兩三天，她就把牠關在籠子裡，放上足夠的食物和水。但這回她將在國外待三個月，所以要范林照看這隻鳥。

寶利跟別的鸚鵡不同，不會說話；牠不聲不響，使范林常常懷疑牠是啞巴。夜裡這隻鳥棲息在窗邊，睡在一個立架上的籠子裡，那架子像巨型的落地燈。白天牠蹲在窗臺上或在籠子頂上曬太陽，羽毛好像被陽光漂白了。

范林知道寶利喜歡吃穀子，但不清楚寵物店在哪裡，他就去街上的香港超市買回一袋小米。有時他也把自己吃的東西給鸚鵡：米飯、麵包、蘋果、西瓜、葡萄。寶利喜歡這些食物。每當范林把飯菜放到桌上，鳥就過來轉悠，等著啄上一口。這些日子范林常常吃中餐，這是蘇普莉婭不在家的唯一好處。

「你也想吃麥片嗎？」一天范林吃早餐時問寶利。

鳥用長著白圈的眼睛盯著他。范林拿來一只茶碟，放進幾顆麥片，擺在寶利面前。他加上一句：「你媽不要你，你得跟我過了。」寶利啄著麥片，眼皮撲閃撲閃。不知爲什麼范林今天覺得牠怪可憐，就找來一個酒盅，倒了點奶給牠。

早餐後，他第一次讓寶利進入作曲室。范林在電子琴上譜曲，因爲房間太小，放不開鋼琴。鳥靜靜地坐在他的寫字臺的邊緣上，注視著他，彷彿認得他寫下的音符。接著，當范林在琴上彈試一個曲調時，寶利開始拍打翅膀，搖頭晃腦。「喜歡聽我的作品嗎？」范林問牠。

鳥沒有反應。

范林正在改寫音符時，寶利落到琴鍵上，踏出幾個微弱的音響，這讓牠更想玩下去。「走開！」范林說。「別礙事。」

鳥飛回到寫字臺上，又一動不動地觀看那人在紙上畫著小蝌蚪。

十一點左右，范林靠著椅背伸了個懶腰，注意到寶利身旁有兩個白斑，一個比另一個大。「該死的，別在我桌上亂拉！」他喊道。

一聽那話，鸚鵡颼地飛出屋去。牠一逃跑，倒使范林安靜了幾分，提醒自己要耐心些，寶利可能和小嬰兒差不多。他站起來用紙巾擦去了污跡。

每週他給只有五個學生的作曲班上三次課。他們付的學費是他的固定收入。學生們晚上來到他在三十七大街的公寓，待上兩小時。那位名叫沃娜·科南的二十二歲削瘦女生非常喜歡寶利，經常伸出食指對牠說：「過來，過來呀。」不管她怎麼哄逗，鸚鵡總是無動於衷，坐在范林的腿上，彷彿也在聽講。有一回沃娜抓起鳥來放到自己頭上，但寶利立即跑回到范林那邊。她嘟囔說：「馬屁精，光會溜須主子。」

范林跟當地的一個劇組合作，創造一齣以民間音樂家阿炳為原型的歌劇。阿炳早年與他父親一樣是個和尚；後來他失明了，被趕出了寺廟。他開始作曲，沿街演奏聊以度日。

范林不喜歡這個劇本，它過於強調藝術創作的偶然性。歌劇的主人翁阿炳宣稱：「藝術的偉大只是一個意外。」對范林來說，這種邏輯無法解釋貝多芬或柴可夫斯基；沒有藝術理論、眼界、目標，怎麼可能有他們偉大的交響樂？偉大的藝術不應該是偶然的。

即使這樣，范林仍然用心地譜寫《盲人音樂家》的樂曲。根據合同，他將獲得整個歌劇收入的百分之十二，他們會預支給他六千美金，分兩次付清。這些日子他忙著作曲，很少做飯。他從早上七點創作到下午兩點，然後出去吃午餐，常常帶上寶利。鳥蹲在他肩上，范林走起路來覺得寶利的爪子在撓他的皮膚。

一天下午，在羅斯福大街上的泰阪餐廳裡，范林吃完飯去櫃檯那邊付了錢，回到座位上繼續喝茶。他把一美元小費放到桌上，寶利卻叼起錢來，放回到他手裡。

「哇，牠認得錢！」鼓著金魚眼的女招待喊起來。「別偷我的錢，小三隻手！」

那天夜裡范林在電話上告訴了蘇普莉婭，寶利有了新花招。她說：「我從沒想到你會喜歡牠。牠不會給我叼錢，那是肯定的。」

「我只是照管牠。牠是你的。」范林以爲她會興致勃勃地談下去，但她的聲音同往常一樣，徐緩的女中音略帶睡意。他本來要說多麼想她，經常撫摸她在壁櫥裡的衣服，但忍住了沒說。

一個濕漉的早晨，外面濛濛細雨在風中搖曳，像綿綿絲線纏在一起；西面街上的車輛隆隆作響。范林躺在床上，肚子上蓋著捲皺的床單，心裡想著蘇普莉婭。那女人總夢想著要孩子，她在加爾各答的父母常催她快結婚。然而范林覺得自己可能只是她的安全網──一旦她找不到更中意的男人，他就成爲墊底的。他儘量不想煩心事，而回憶起那些令兩人都銷魂、疲竭的激奮之夜。他想她，非常想，但也明白愛情就像別人的恩賜，隨時都會失去。

突然一個響亮的音符從作曲室傳來──寶利在電子琴上玩呢。「別鬧騰了！」范林朝鳥嚷道。但音響繼續玎玲玲地傳來。他下了床，向作曲室走去。

不知怎麼搞的，客廳裡窗戶開著，地板上撒落著紙張，由過堂風吹來吹去。范林聽到動靜，看見一個人影溜進廚房。他快步跟過去，只見一個十幾歲的男孩爬出窗外。范林沒追上他，就探出窗戶，朝順著防火梯往下跑的小偷大喊：「你要是再來，我就報警把你逮起來。找死的！」

男孩跳落到柏油地上，兩腿一軟坐了個屁股蹲，但接著就爬起來。他的牛仔褲後面黑乎乎的濕了一片。一眨眼他拐上街道，不見了。

范林回到客廳時，寶利忽地一聲飛過來，落到他的胸脯上。鸚鵡看上去受驚了，翅膀顫抖不停。范林雙手捧起鳥，親了牠一下。「謝謝你啦。」他悄聲說。「你嚇壞了吧？」

鳥籠的門白天黑夜總開著，寶利通常在籠子裡方便。每兩三天范林就換一換鋪在籠底的報紙，以保持鳥舍的清潔。實際上，他的整個公寓成了一個大鳥舍，寶利可以進進出出，包括作曲室。牠醒著時一般不在籠子裡待著，那裡面橫著一根塑膠棲槓。甚至夜裡牠也不用棲槓，而是抓著籠幫睡覺，身子懸在空中。那樣睡不累嗎？范林想。難怪寶利白天提不起精神。

一天下午，鸚鵡趴在范林的胳膊肘上，他注意到寶利的一隻腳比另一隻腳厚些。他把鳥翻了個身，吃了一驚，發現寶利左腳上有個綠豆大小的水泡。他尋思著塑膠棲槓是不是太滑了，鸚鵡踩不住。是不是牠抓著睡覺的籠幫把腳磨起了泡？也許他應該給寶利買只新籠子。他翻閱起電話簿查找寵物店。

一天傍晚他在皇后區植物園散步，遇見歌劇導演艾爾伯特．張。艾爾伯特在跑步。他停下來跟范林寒暄時，寶利飛向一棵碩大的柏樹，衝進蓬亂的樹冠，落到樹枝上。

「下來。」范林喚牠。鳥一動不動，緊抓著傾斜的樹枝，注視著兩人。

「這隻小鸚鵡眞難看。」艾爾伯特說。他擤了一下鼻子，用手指撣去運動褲上的塵土，接著跑走了，後脖頸上的肉直顫。在他前方一對年輕夫婦遛著一條達克斯獵狗，狗脖子上拴著長長的皮帶。

范林轉身要離開，寶利飛撲下來落在他頭上。范林把鳥放到胳膊上。「怕我丟下你走開，是吧？」他問。「你要是不聽話，我就不再帶你出來了，明白嗎？」他拍拍寶利的頭。

鸚鵡只朝他眨眨眼。

范林突然意識到寶利一定喜歡木頭棲槓的感覺。他四下找了找，在一棵高高的橡樹下撿了根樹枝，帶回家去了。他卸下塑膠棒，把樹枝削成新的棲槓，每一端都刻出個槽，將它嵌進籠子裡。從那天起，寶利每天夜裡都睡在樹枝上。

范林自豪地對蘇普莉婭講起那根新的棲槓，但她太忙，興奮不起來。她聽上去倦意濃濃，只說了句：「我眞高興把鳥留給了你。」她甚至都沒說聲謝謝。他原打算問她電影拍攝的進展如何，但沒問。

歌劇作曲進展得很順利。范林交上去了前半部分樂譜——共一三二頁；艾爾伯特高興極了，說他一直擔心范林還沒動筆。現在艾爾伯特可以放寬心了——一切都要就緒了。幾位歌手已經簽約。看起來明年夏天他們就能上演歌劇。

在辦公室裡，艾爾伯特叼著雪茄，呑吐煙霧，面帶難色地咧嘴一笑，對范林說：「我現在沒法付給你頭一半預支費。」

「爲啥不能？合同上寫的你必須付。」

「沒錯，但我們手頭沒有現金。下月初我一定付你，那時我們就有錢了。」

范林臉一沉，寬厚的眉毛翹起來。他已經陷進這個歌劇裡，撤不出來了，他怕將來更難得到報酬。他以前從沒爲艾爾伯特·張工作過。

「這鳥今天更醜了。」艾爾伯特說，手裡的雪茄指著寶利。鳥站在寫字臺上，在范林的兩手之間。話音剛落，鸚鵡忽地飛起來，落到艾爾伯特的肩上。「哎，哎，牠喜歡我呀！」那人喊了一聲。他取下寶利，鳥慌忙逃回到范林身邊。

范林注意到艾爾伯特的西服肩膀上有片綠乎乎的污斑。他壓下去從喉嚨裡衝上來的歡笑。

「別爲酬金擔心。」艾爾伯特保證說，手指輕敲著桌面，「咱們有合同，如果我不付款，你可以告我。這回只是例外。錢已經有人同意捐了。我保證這種事不會再發生。」

范林覺得好多了，跟導演握握手，走出辦公室。

三個月前，《盲人音樂家》簽合同的時候，那位住在斯塔騰島上的流亡詩人堅持作曲家不可以改變劇本中的任何地方。奔永身爲詩人兼劇作家，不明白歌劇與詩歌不同，得依靠多人合作才行。艾爾伯特太喜歡這個劇本了，就同意了作家提出的條件。這卻給范林出了難題，他心中的音樂結構無法跟一些詞吻合。此外，有的字沒法唱，比如「美滋滋」和「自私」。他得用別的詞取代它們，最理想的是以開母音結尾的字。

一天早上范林專程去斯塔騰島，去見奔永，要他允許改幾個詞。他沒打算帶上寶利，不過他剛出公寓就聽見鳥不斷地撞門，還抓撓木板。他打開門說：「想跟我去嗎？」鸚鵡跳到他胸上，抓住T恤衫，發出細小的唧叫聲。范林撫摸寶利一下，帶牠去了火車站。

這是一個晴朗的夏日，天空被昨夜的陣雨洗得明淨。一路上范林站在渡船的甲板上觀看海鳥飛旋。有的鳥在船頭闊步走動或蹦跳，兩位小姑娘在把麵包撕碎扔給牠們。寶利加入那些鳥的行列，銜起食物來，卻不吃不嚥。范林知道鸚鵡那樣做是玩耍，可是不管他怎樣呼喚，鳥就是不回到他身邊。所以他站在那裡觀看寶利興致勃勃地在海鷗、海燕和燕鷗之間往來。他很驚奇，寶利竟然不怕那些比牠大的鳥，不由得揣測鸚鵡在家裡是不是太孤單了。

奔永熱情地接待了范林，彷彿他們是朋友。其實他們只見過兩次面，兩回都只談些劇務的事。范林喜歡這個人──奔永雖然四十三了，可沒失去童心，常常仰頭大笑。

坐在會客廳裡的沙發上，范林唱起一些片段，以顯示原文多麼難唱。他的嗓音普普通通，有點兒沙啞，但每當唱起自己譜的曲子，他就富有信心和表現力，面容生動，手勢強勁，彷彿忘記了別人在場。

他正唱著，寶利在咖啡桌上歡跳起來，搖頭拍翅，鷹鉤小嘴開開合合，發出快樂但讓人聽不懂的叫聲。接著鳥停住，跺起腳來打拍子，這讓詩人特開心。

「牠會說話嗎？」奔永問范林。

「不會，不過牠很聰明，還認識錢呢。」

「你應該教牠說話。過來，小東西。」奔永伸手邀請，但鳥沒理他。

范林沒費勁就徵得劇作家的同意，條件是范林改動字句前，他們得先談一下。他們到附近的一家小餐館去吃午飯，兩人都要了鍋煎比薩餅。奔永用紅餐巾擦擦嘴，坦白說：「我眞喜歡這個地方。每週我在這裡吃五次午餐。有時候我就在這裡寫詩。乾杯。」他舉起啤酒杯，跟范林的水杯碰了一下。

詩人的話讓范林吃驚。奔永沒有固定工作，作品也根本賺不到錢；在這種情況下很少有人會每週下五次餐館。另外，他愛看電影，愛聽流行音樂；他的公寓裡有兩座高高的書架，上面裝滿了雷射唱片和光碟。他太太是護士，顯然把他護養得很好。范林被那女人的慷慨所感動。她一定喜愛詩歌。

午飯後他們在白沙覆蓋的海灘上散步，打著赤腳，各自拎著鞋子。空氣帶有魚腥，裹著沖上岸的海帶散發出的怪味。寶利喜歡海水，沿著浪花的邊緣飛飛蹦蹦，不時地停下來啄啄沙子。

「啊，這海風太令人振奮了。」奔永望著寶利說。「每回我來這裡散步，這海景就讓我浮想聯翩。面對這一片汪洋，甚至生與死都不重要，無關緊要。」

「那對你來說什麼是重要的呢？」

「藝術。只有藝術是永存的。」

「這就是你爲啥一直全職寫作？」

「對，我在充分利用藝術自由呢。」

范林沉默了，無法從心中驅開爲奔永自我犧牲的太太的形象。他們書房裡有一張她的相片，她很漂亮，臉龐略寬但十分端莊。起風了，黑雲在遠方的海面上聚集。

渡船起航時，雨雲在布魯克林的上空洶湧，閃電曲曲折折地劃過天際。甲板上一個留著灰鬍子的小個子在痛罵大公司的惡劣行徑。他雙眼緊閉，高喊：「兄弟們，姊妹們，想想看誰掠奪了你們的錢財，想想看誰把毒品拋入街頭巷尾來毒害我們的孩子。我認識他們，我看見他們每天都在犯罪，無視我們的主。這個國家需要一場革命，需要把每一個騙子都關進監獄，或把他們裝上船送到古巴去——」范林很驚訝，話語從那傢伙的嘴裡噴洩而出，彷彿他魔鬼附身，兩眼閃射堅硬的光芒。但沒幾個乘客理會他。

當范林專注那人時，寶利離開他的肩膀，飛向海浪。「回來，回來。」范林高喊，但鳥繼續沿著船舷飛行。

突然一陣風截住寶利，把牠捲進翻滾的水裡。「寶利！寶利！」范林叫著，衝向船尾，眼睛緊盯著在翻騰的水中起伏的鳥。

他踢掉涼鞋，一頭扎進水裡，朝寶利游去，嘴裡仍喊著牠的名字。一個浪頭砸到范林臉上，灌了他一嘴海水。他咳嗽了一聲，看不見鳥了。「寶利，寶利，你在哪兒？」他高喊，四下慌亂地看著。接著他看見鸚鵡仰臥在一個波濤的斜坡上，約有三十米遠。他拚盡全力向鳥衝過去。

他身後的船慢下來，人們圍聚在甲板上。一個人用喇叭筒對他喊：「別慌！我們過去幫你！」范林終於抓住了寶利，但鳥已經失去知覺，張著嘴。淚水從范林被鹽刺疼的眼睛湧出，他看看寶利的臉，把牠頭朝下翻過來好空出嗉子裡的水。

一隻軟梯從船上放下來。范林雙唇銜著寶利，把自己拖出水面往上爬。他一到甲板上，那個灰鬍子的瘋人就默默地走過來，把涼鞋遞給他。人們圍過來觀看范林把鳥安放在鋼甲板上，用兩指輕輕地壓著寶利的胸膛，把水從牠身體裡擠出來。

遠方雷聲隆隆，閃電砸碎了城市的天空，但片片陽光仍在海面上飄動。在船加速駛向北方時，鳥緊攥的兩爪張開了，抓了一下空氣。「牠醒過來了！」一個男人興奮地喊著。

寶利慢慢睜開眼睛。甲板上一片歡呼，而范林感激得嗚咽起來。一位中年女人給范林和鸚鵡拍了兩張照片，喃喃說：「太不尋常了。」

兩天後，一篇小文章出現在《紐約時報》的市區版上，報導了如何搶救寶利。作者描述了范林怎樣毫不猶豫地跳進海裡，怎樣耐心地給鳥做人工呼吸。文章很短，不到五百字，但在當地社區裡引起一些反響。一週之內，一份叫《北美論壇》的中文報紙登了關於范林和他的鸚鵡的長篇報導，還附加上他倆的相片。

艾爾伯特．張一天下午送來他許諾的那一半預付金。他讀過救鳥的文章，對范林說：「這個小鸚鵡眞有兩下子。牠看起來傻乎乎的，可一肚子心眼兒。」他手伸向寶利，指頭勾動著。「過來。」他哄勸說。「你忘了在我身上拉 ba ba 了。」

范林大笑起來。寶利一動不動，眼睛半合，好像睏了。

艾爾伯特接著詢問了譜曲的進展情況，其實范林從海上事故後就沒作多少。導演再三強調歌劇要按計畫上演。范林答應一定加倍努力地作曲。

儘管寶利備受關注，牠仍在繼續萎縮。牠不怎麼吃東西，也不怎麼動彈。白天牠待在窗臺上，常常打嗝。范林猜測寶利是不是感冒了，或上年紀了。他問蘇普莉婭鳥的歲數有多大。她也不清楚，但說：「牠一定挺老了。」

「你是什麼意思？難道牠七八十歲啦？」

「我也說不準。」

「你能不能問問牠原先的主人？」

「我在泰國怎麼問呢？」

他沒追問下去，她對寶利漠不關心讓他心裡不快。他不相信她跟鳥以前的主人沒有聯繫。

一天早晨范林看看寶利的籠子，嚇了一跳，只見鸚鵡直挺挺地躺著。他捧起寶利，那生命已逝的身體依然溫暖。范林撫摸著鳥的羽毛，淚水忍不住地流淌；他沒能挽救自己的朋友。

他把小小的屍體放在餐桌上，觀察了許久。鸚鵡看上去很安詳，一定是睡入死亡的。范林安慰自己——寶利起碼沒遭受多難的晚年。

他把鳥埋在後院裡銀杏樹下。一整天他什麼也做不下去，呆呆地坐在作曲室裡。他的學生晚上來了，但他沒怎麼教課。他們走後，他給蘇普莉婭打了電話，女友聽上去不太耐煩。他帶著哭腔告訴她：「今天一早寶利死了。」

「天哪，你聽起來像失去了個兄弟。」

「我心裡難受。」

「對不起，但別想不開，別跟自己過不去。如果你眞想那鸚鵡，就去寵物店買回一隻來。」

「牠是你的鳥。」

「我知道。我不怨你。我沒時間多說了，親愛的。我得走了。」

一直到凌晨范林都無法入睡，心裡反覆重溫跟蘇普莉婭的談話，還埋怨她，彷彿她該對寶利的死負責。最讓他心氣難平的是她那無所謂的態度。她一定早就把鳥忘到腦後了。他琢磨是否應該在她下月回來時主動提出分手，既然他們遲早會分開。

一連幾天范林都取消了課，專心為歌劇譜曲。音樂從筆端輕易地湧出，一個個旋律如此流暢又新鮮，使他停筆自問，是不是無意中抄了大師們的作品。沒有，他寫下的每一個曲調都是原創。

他忽視了教課，讓學生們不安。一天下午他們帶來一個籠子，裡面裝著一隻鮮黃的鸚鵡。「我們給你弄到了這個。」沃娜對范林說。

雖然范林明白沒有鳥能取代寶利，仍然感激這份心意，讓他們把新鸚鵡放進寶利的籠子裡。他告訴他們晚上來上課。

這隻鸚鵡已經有名字，叫戴文。每天范林把牠丟在一邊，不跟牠說話，儘管鳥會說各種各樣的話，包括穢語。有一回牠甚至叫沃娜「婊子」；這讓范林猜想戴文原來的主人是不是因為牠嘴太臭才賣掉了牠。吃飯的時候，范林把一點兒自己吃的食物放進寶利的碟子裡給戴文，不過他經常開著氣窗，希望鳥會飛走。

歌劇音樂的後半部分完成了。艾爾伯特．張讀完樂譜後給范林打了電話，要見他。范林第二天早晨去了艾爾伯特的辦公室，拿不準導演要和他談什麼。

范林一坐下，艾爾伯特就搖搖頭笑了。「我弄不明白——這一部分跟頭半部分出入太大。」

「更好還是更糟？」

「那我還說不準，但後半部好像感情更充沛。唱幾段，讓我們看看它聽起來怎樣。」

范林唱了一段又一段，彷彿音樂從他身心深處噴湧而出。他覺得歌劇的主人翁，那位盲人音樂家，通過他在哀嘆失去了心上人——那姑娘是當地的美人，被父母所迫嫁給了一位將軍做妾。范林的聲音悲哀得顫抖，這在他以前試唱時從未發生過。

「啊，太悲傷了。」艾爾伯特的助手說。「讓我想哭。」

不知怎地那女人的話倒使范林冷靜了幾分。接著他唱了幾段頭半部的樂曲，每一段都優雅輕快，尤其是那支在歌劇中出現五次的疊歌。

艾爾伯特說：「我敢肯定後半部分在情感上是對的。它更有靈魂——哀而不怒，柔而不弱。我服了。」

「對，真是那樣。」那女人附和一句。

「我該怎麼辦呢？」范林嘆氣說。

「把整個音樂協調起來，前後一致。」艾爾伯特建議說。

「那得需要好幾個星期。」

「咱們有時間。」

范林開始動手修改樂譜；實際上，他給頭半部做了大手術。他幹得太猛了，一週後垮了下來，不得不臥床休息。然而，即使閉上眼睛，他也無法壓制在頭腦中回響的音樂。第二天他繼續創作。儘管疲憊，他很高興，甚至陶醉在這種譜曲的亢奮中。除了給戴文餵食，他完全不管牠了。鸚鵡偶爾來到他身邊，但范林忙得根本顧不上牠。

一天下午，工作了幾個小時後，他躺在床上休息。戴文落在他旁邊。鳥翹翹帶藍梢的長尾巴，然後跳到范林的胸上，豆粒一樣的眼睛盯著他。「你號嘛？」鸚鵡喊了一嗓子，好像有點上氣不接下氣。開始范林沒聽明白那尖利的話。「你號嘛？」鳥又重複一遍。

「好，還好。」范林笑了，眼裡一下充滿淚水。

戴文飛走了，落到半開的窗戶上。白窗簾在微風中擺動，彷彿要起舞；外面菩提樹葉沙沙作響。

「回來！」范林喊道。

美人

下午三點左右，雪稀落成凍雨，吉瑟娜大道上出現了一些雨傘。每當街頭的綠燈亮起，行人們便繞過或跳過馬路牙子邊上的水窪。馮丹站在辦公室窗前，觀望下面的街景，人行道兩邊布滿由雨篷遮擋的菜攤和水果攤。這讓他想起打烊的集市，大家都在離去。剛才他的顧客打來電話，說天氣這麼糟，無法過來；馮丹接著就給四十五大街上的公寓賣主去電話，取消了那個約會。下午剩下的時間他沒事做。

他看看手錶——三點十分。他該做什麼呢？去托兒所接孩子？不行，不能這麼早就下班。他決定去法拉盛中心商場裡的首飾店，看看他太太吉娜。

緬因街上熙熙攘攘，人行道上淨是從地鐵站出來的人，大多數裹著大衣，有的在打手機。兩個十幾歲的金髮女孩背著書包，手拉手地走著，像是一對雙胞胎，裙子下露出她們的裸腿和繫帶的高靴。一股爛果子的氣味衝進馮丹的鼻子，他加快腳步拐進羅斯福大街。他在中華書局買了份《世界日報》，然後把報紙夾在腋下，進入商場。

「吉娜在哪兒？」他問薩莉。這女孩是首飾店的售貨員。

「她在休息呢。」薩莉回答說，頭上頂著一個馬尾辮盤成的髮髻。

「在後面？」

「不在，可能在樓下。」

幾套玉製茶具和筆筒立在櫃檯上，臉蛋兒粉紅的薩莉在擦它們。除首飾外，這個店還賣些禮品之類的小玩意兒。她身後的架子上擺著水晶馬、船、天鵝、蓮花、金魚、各種鸚鵡、汽車、飛機。下面一樓是喜來登酒店的大廳，吉娜常去那裡的酒吧。馮丹急匆匆地奔向電動樓梯，心裡冒火，知道妻子跟余富明在一起；那傢伙是酒店裡白天的前臺領班。大廳裡很安靜，中央有一只巨大的花瓶立在一個雙層圓桌上，插滿各種鮮花。酒吧在大廳後部，一片竹簾遮住了它的玻璃牆。馮丹在門口停住，看看幽暗的屋內。十幾張桌子被椅子圍起來，一個嬌小的女人趴在櫃檯上讀著一份雜誌，可能是《時尚》。他倆在那邊——吉娜和富明坐在一個角落裡，一張小桌子在兩人之間。他們是這裡唯一的顧客，都沒注意到馮丹，繼續閒聊著。吉娜咯咯地笑著說：「太不一般了。」

馮丹聽不清他們在談什麼。就在他尋思該不該進去時，富明對吉娜說：「我走前再來一個果仁。」他聽上去興致飛揚。

吉娜把一顆開心果抛到空中；富明一口接住，咯嘣咯嘣地嚼起來。他倆都笑了。

「再來一個。」他說。

「好狗，好狗。」她扔起一顆巴西果，富明又咬住了。

馮丹轉身離開，拖著兩腿走向前門。他敢肯定自己和吉娜沒結婚前，富明追過她，但馮丹從未把那個餅子臉的傢伙當作眞正的對手。吉娜是法拉盛有名的美人，甚至現在仍有男人——亞裔人、白人、拉美人、黑人——故意在首飾店逗留好看她幾眼。偶爾有人約她出去，但據她告訴馮丹，她總是拒絕，說如果丈夫知道會嫉妒死了。儘管如此，她爲什麼不停止跟余富明見面呢？「該死的美人。」馮丹嘀咕著走出樓去。「她改不了輕浮的本性。哎，自作自受，當初你就不該拚命地追她。」

馮丹沒回辦公室，而去了聯合街上的陽光澡堂。凍雨已經停了，但天氣更冷了，風也大了，融化著的雪堆的邊緣又開始結起冰茬。一架波音從頭頂呼嘯而過，落向拉瓜伊拉機場。天空漸漸暗淡成靛藍色，街上車多起來，霓虹燈閃閃爍爍。那家澡堂坐落在一棟二層樓的地下室裡，才開張，也提供其他服務：桑拿浴、蒸氣浴、搓澡、按摩、刮腳。馮丹在櫃檯付了二十美元，拿起把鑰匙，去了更衣室。他選了一條毛巾，把它在脖子上圍了一會兒。毛巾剛烘乾，還熱乎乎的。

他鎖起自己的衣服和報紙，把鑰匙套在手腕上，將毛巾圍在腰間，然後走向浴池。他漫不經心地跨進熱水，在水裡的臺階上坐了一會兒以適應溫度，還往胳肢窩和脖子上撩些水。浴池完全是白瓷磚砌成的，可以容納七、八人，但池中只有他一人。他沉入水裡，把頭靠在池台的圓邊上。他不喜歡桑拿浴，擔心乾燥的熱氣會皺縮臉上的皮膚，所以他在這裡只洗熱水澡。泡在熱氣騰騰的水中眞自在，他覺得懶洋洋的，不願搓身上。他心裡布滿疑慮和問題。看見吉娜和富明那麼親密讓他不痛快。自從女兒茉蕾一年前出生，他就疑心重重，懷疑妻子有外遇。他們的孩子不好看，細眼大嘴，既不像媽媽又不像爸爸。吉娜身材高䠷，直鼻梁，雙眼皮，嘴巴小巧，皮膚光豔。馮丹也挺帥。人們經常恭維他，說他一表人才；的確，他目光明亮，高鼻子，長了一頭濃髮。每當他和太太出現在公共場合，總有羨慕的眼神飛向他們。那麼他們的女兒怎麼會這麼難看呢？他心中老有一個聲音在低語：「她不是我的，不是我的。」有時他想像富明是茉蕾的生父；至少他倆的小眼睛和圓下巴挺相像。這也能解釋爲什麼吉娜不斷跟那個男人會面。

好幾回馮丹勸她離富明遠點，但她總是保證她跟富明來往僅僅因爲他們是老鄉，都來自浙江金華，他們之間沒有越軌的事。「你應該放寬心。」她告訴馮丹。

每當馮丹碰見富明，那人都要朝他咧嘴笑，瞇縫起兩眼。那副會心的笑臉讓馮丹不安，好像富明刻意讓他明白：「我比你還熟悉你老婆，從頭到腳。我叫你戴綠帽子了，你能把我怎樣，二百五？」

茉蕾出生之前，馮丹根本就沒把富明當回事。馮丹以前甚至都不把他當作個輸家，那人雖然比自己小四、五歲，還剛被提升爲帶領三個人員的工頭，可能每小時掙不到十二美元。而馮丹卻擁有一家房地產公司，雇用了一批經紀人。他快三十七歲了，成熟穩健。經驗和老成即使不像幽默感那麼富有魔力，仍可以讓年紀大的人占上風。從一開始，馮丹就認爲只要他參加競爭，富明和另外幾位男士就沒有機會獲取吉娜的芳心。然而，一小時前在酒吧裡的情景讓他既害怕又氣憤。吉娜告訴他懷上了他的孩子後，他不該那樣急忙娶她。她可能撒謊。

一位粗短的男人進入浴室，肩上搭著一條手巾。他高喊：「先生，要刮腳嗎？」

馮丹坐起來，嚇了一跳。「幾點了？」

「四點四十五。」

「我得走了。對不起，今天不能刮腳了。」

「沒關係。」那人吧嗒吧嗒地到另一間屋去問別人。

馮丹爬出水池，去外面沖涮了一下。回更衣室的路上，他經過按摩區，聽見一個男人在一間關閉的小屋裡直哼哼。「噢舒服，舒服啊！」那人不停地說。

接著傳出一個女人的聲音。「爽吧？嗯，好棒哇。……」

馮丹心想那女人是不是在做按摩之外的事。也許她在給那傢伙打飛機，好多掙點小費。馮丹瞥了一眼立在入口的牌子，上面寫著：「按摩，請預約！」

他穿上衣服和派克大衣。他得在五點鐘接女兒。

那天晚上，孩子睡了後，馮丹和吉娜在客廳坐下來談話。他說：「我今天下午看見你和余富明在喜來登的酒吧裡玩一個狗把戲。『我走前再來一個果仁。』我聽見了他那樣說，看見了你餵他。」

吉娜臉紅了，噘起嘴。「那不是什麼把戲。他和我之間根本沒事。你太多心了。」

「我對你說過多少回離那人遠點？」

「我不能故意冷落他。我倆認識好多年了。」

「你聽著，我知道咱們結婚前你交過幾個男朋友。只要你是我老婆，沒有二心，我不在乎那個。」

「你暗示我對你不忠？」

「你爲什麼還跟余富明拉扯？告訴我，他和茉蕾有關係嗎？」

「他不認識咱們的孩子。你是什麼意思？」

「那不等於說他不會成爲她的爸爸。」

「天哪，茉蕾是你的！要是不相信，你可以給她做ＤＮＡ測試。」

「那我不會做。那樣對孩子不公平。好吧，我可以接受她是我的孩子，但你不能再羞辱我了。」

「我什麼時候羞辱你了？」

「你一直跟余富明勾勾搭搭。」

「說實話，我對他沒興趣，可他常到我的店裡來。我總不能把他轟出去。」

「爲啥不能？」

「我告訴你過好多次，他是我的同鄉。跟你說不清。」她站起來。「我得睡覺了。晚安。」她朝寢室走去，他們的孩子也睡在那裡。

「晚安。」他不冷不熱地說。

他嘆了一口氣，提起泥壺又給自己的杯子倒滿茶。坐在藤椅上，他繼續瀏覽一個網站上的文章——人們在爭論一位八十五歲的諾貝爾化學獎得主該不該跟一位二十八歲的女人結婚。馮丹無法集中精力，讀不進去。內心裡他無法相信妻子，覺得吉娜似乎對別的男人感興趣。她一定是那種沒有幾個男人圍著自己轉就活得沒滋味的女人。要是他把她拴在家裡就好了。他眞後悔幫助妻子開了那家首飾店，花了他四萬多美元。

網上大部分文章都譴責那位老人，說他不負責任，給年輕人樹立了壞樣子，不過也有人讚賞他富有浪漫精神，不服老。兩邊作者雖然都用筆名，但好像清楚對方的眞名實姓，爭得不可開交，把對方本該藏在自家庫窖裡的陳糠舊穀全給翻騰出來了。馮丹對他們的筆戰沒興趣，心裡光想著妻子。他跟自己理論，你自找麻煩，你傻帽一個，像頭起性的公牛一樣去追她。的確你贏得了美人，就像得到一只獎盃，但那是有代價的，帶來了沒完沒了的頭疼和別的男人的妒嫉。如今你失去了安靜的心靈，就像那位諾貝爾獎得主被名譽剝奪了隱私。

馮丹打了個哈欠，揉了揉眼睛。他閉上電腦，去洗手間刷了牙，然後進入另一間寢室。他和妻子分屋睡，因爲他總是工作到深夜，另外，妻子要跟孩子睡在一起。

第二天馮丹跟四十路上的福爾摩斯偵探社約好會面。在電話上那位偵探聽起來很熱切，說他們受理各種各樣的查詢，像個人財產、配偶不忠、個人履歷、家庭背景之類的。馮丹同意接待完一對老年顧客後就去偵探社。那兩位台灣老人打算從瑞士搬到法拉盛來住，因爲這裡能吃到地道的中國食品。

偵探社在一家髮廊和照相館的樓上。一個戴眼鏡的小個子接見了他，問道：「哦，朋友，我能爲你做什麼？」

馮丹解釋來訪的目的。雖然他對這個鬍子稀疏的人和這家單槍匹馬的偵探社沒把握，但不知道皇后區哪裡還有這種服務。「你這裡有多少人手，關先生？」他問。

「全世界各地都有我們的人。我們到處都做查詢：美洲、亞洲、歐洲、澳洲，還有非洲的一些地方，基本上除了南極和北極外，遍及每一個大陸。」

「眞的嗎？」馮丹從褲袋裡抽出一張卡片，遞給偵探。「我想知道這兩個人的個人歷史。他倆都是從浙江金華市來的。」

關先生閱讀起卡片，小手搖動著氈尖筆。「這不難。全中國都有我們的聯絡網，我可以通知他們調查一下。讓我看看還缺什麼，我們有他們的名字、年齡、教育程度，但你知道現在他們兩家在金華的詳細地址嗎？」

「不知道。吉娜說她家人都死了。我懷疑那不是眞的。」

「別擔心。我們會查一查。除了他們個人的歷史以外，你還想知道別的嗎？」

「我懷疑他倆可能在私通。你能監視他們嗎？還有，要是他們做出越軌的事，拿到確鑿的證據。」

「這我們可以做。」

關先生把卡片放在巨大的寫字臺上；這是那種最近時髦起來的「老闆桌」，而這一張讓馮丹想起光亮的棺材。關偵探列出查詢的開銷。除了三百美元的預付金和每小時五十美元的鐘點費，顧客還必須付交通，旅店，餐飲，以及其他在調查時所涉及的花銷。這是標準的價碼，他告訴馮丹。馮丹簽了合同，給他寫了張支票。

當關先生起身送他出門時，馮丹驚異的發現這人眞矮，還不到一米五。他這樣短小的身材不會太引人注目嗎？他想。最多關先生能當一個次羽量級的探子。他應該做會計或電腦軟體專家——案頭工作會更適合他。

這些天茉蕾在發燒。她夜裡老哭，不讓大人安歇；馮丹在另一間屋裡就寢，仍然睡不著。吉娜帶她去看過醫生，那大夫開了些藥，但吉娜不給嬰兒吃。她光給她餵熱水，說這是茉蕾姥姥的方子。從出生以來，孩子每一兩個月就發一次高燒，但每一回吉娜都設法不用藥物就把她治好了。

茉蕾已經會走了。根據民俗，嘴跟著腿走，就是說嬰兒會走路的時候，就該會說話了。但茉蕾雖然能從屋子的一頭晃悠到另一頭，卻只會說一個詞：「爸爸」。每當馮丹聽到她說出來，心裡就樂極了。他逗引孩子一遍又一遍地說。他愛她，特別是她高興快活的時候，鬧騰著要騎到他的肚皮或背上。即使這樣，有時候他不禁想起誰是女兒的父親。茉蕾不僅常發燒，夜間還不睡覺，一哭就哭到凌晨。馮丹有一回陪妻子去見科恩醫生。中年的科恩大夫面容清瘦，建議以後他們女兒再哭，就讓她哭個夠。哭累了，她就會明白哭也沒用，大人也不會來，這樣她就能改掉這個毛病。這也將幫她學會獨立。可是吉娜不聽醫囑，只要茉蕾一哭叫，她就哼唱道：「媽媽來了，馬上就來了。」她抱起孩子，邊搖動邊在屋裡來回踱步。有時候她一走就是三、四個小時。她的母性的耐心令馮丹驚訝。有時夜裡他替換妻子一下，好讓她在天亮前睡一會兒。可是每回他要她別理哭叫的嬰兒，吉娜就說：「讓她發展獨立性還太早了。」她怕孩子會覺得沒人管，沒人愛。

今天夜裡茉蕾哭個不停，還不讓媽媽坐下來，也不能停止唱兒歌。吉娜語音睏倦地哼著一支童謠；馮丹仍依稀記得些歌詞：「小羊乖乖，把門開開，我是你媽媽的朋友……」他拉起薄被，蓋住自己的臉，但仍舊聽見嬰兒的嚎叫。不管怎麼努力，他還是睡不著。

他下了床，去到另一間寢室，對妻子說：「你就不能給她吃點安眠藥啥的？別叫她哭了。」

「不行，那會傷害她的腦子。」

「這個小母狗，成心折騰人。我明早有會，實際上幾個小時後就要開會了。」

「對不起，我也得工作。」

「該死的，她白天在托兒所裡光睡覺，艾斯帕達太太告訴我的。在那裡她像個模範孩子。」

「她不過是把白天和夜裡給睡顛倒了。」

「放下她！讓她哭個夠。」

「老公，別這麼厲害。她一會兒就會安靜下來。」

她溫和的語氣抑制住了他的脾氣。他關上門，回到自己的房間。他以前曾夢想有一個天使般的孩子——孩童的美麗充滿家裡的每一角落。男孩或女孩都沒關係，只要像吉娜或他自己。如今眼睛細小的茉蕾毀掉了那理想家庭的美景。

第二天上午馮丹開會時不停地打哈欠。一位同事逗他說：「昨天夜裡你一定累壞了。」

「小心啊，馮丹，」另一位插嘴說：「可不能還像新郎一樣。」

圍桌而坐的人都笑起來，而馮丹則搖頭。「我女兒病了，幾乎哭鬧了一夜。」他咕噥說。

一提起那孩子，大家就都沉默了。他們都見過茉蕾，有的還問起她像誰。他們的沉靜給馮丹帶來一陣憤恨，但他控制住了自己，因爲他們在討論怎麼購買在森丘那邊的一座倉庫，然後把它改建成公寓。他渴望離開法拉盛。市裡的公共學校並不太壞，但這一帶在文化上還是有些隔絕——整個市裡沒有一家英文書店。畫廊建立起來很快就散掉，只有一家小劇院，由他的朋友艾爾伯特．張管理。這裡大部分移民日常不用英語。不管去哪兒，你見到的都是餐館、髮廊、零賣店、旅行社、律師辦公室——只有生意。剛來的人們不努力保護環境，也許是謀生太辛苦，無力顧別的事。馮丹怕他的街區會衰敗成貧民窟，所以他決心要完成這個將倉庫改建成公寓的計畫。他敢肯定同事們也希望能買公司要在森丘改建的公寓。

茉蕾一週之內就好了，但吉娜依然不高興馮丹對她疑心重重。她並不再責備他，但避免跟他講話。她的啞默讓他氣上加氣。他暗想，你以爲你是好女人？我知道你背地裡做些啥。等著瞧吧，我會把你的老底揭出來。

一天傍晚吉娜回來時滿臉通紅。看見女兒坐在馮丹的腿上，吉娜在門口停留片刻，然後進了屋。她把海軍藍的呢大衣掛到壁櫥裡，在他對面坐下來。「你太可笑了。」她說。

「怎麼回事？」他問。

「你雇了個矬子跟蹤我和富明。」

馮丹好難爲情，不知道該怎樣回答，但他隨即緩過神來。「要是你倆之間沒有鬼，你何必緊張？」

「告訴你吧，你的偵探沒搞好。富明揍了他，打得他流鼻血。」

「他媽的，打職業偵探是非法的！」

「得了吧。那傢伙偷聽我們談話，首先侵犯了我們的隱私。」

「你們的隱私？你和余富明之間到底有什麼那麼隱祕？」

「你瘋了，花錢讓那人在大庭廣眾胡鬧。」

「你剛才還說是余富明動手打人。這事發生在哪裡？」

「在紅筷子。」

「你是結婚了的女人，卻跟一個光棍兒在熙攘的大街上的飯館裡約會。咱倆誰瘋了？」

「我說過多少回了他和我只是朋友？」

「那你倆誰也不必對關先生的調查那麼敏感。」

「你眞蠢，用那麼個人。他太出眾了——我是說他太惹眼。」

馮丹高聲笑起來。「但身爲你的老公，我情不自禁呀。」

「行了，你的偵探完蛋了……富明嚇唬關矬子，說要是關再靠近他，富明就掐死他。」她站起來，去了廚房，儘管茉蕾伸出了小手直喊「媽媽」。不一會兒鍋碗盆盤開始在那裡叮噹亂響，伴隨著吉娜的抽泣聲。「我命中注定倒楣，倒八輩子楣了！」她不斷地說。

兩天前嬰兒開始叫「媽媽」。茉蕾頭一回說出那話時，吉娜高興得流了淚，可是此刻在廚房裡她一邊哭一邊擤鼻子。

一陣刺痛傳遍馮丹的頭皮。如果在向她求婚之前不跟她同居就好了，都是因爲她聲稱孩子是他的。這場婚姻好像把他倆都給圈住了。

兩天後馮丹去見關先生。一對護創貼布貼在偵探的臉頰上組成十字，可是他卻滿面笑容，非常熱情。馮丹對關先生在紅筷子的遭遇表示歉意，但那人說：「幹我們這行的常碰見暴力，沒關係。」外面，一輛車鳴起喇叭，一個警察通過麥克風高喊：「停下！停在那裡！」接著一輛救火車呼嘯而過。樓上有人沖了廁所，水管嘶嘶響起來。

彷彿是自言自語，關先生繼續說：「我有點兒迷惑。我敢保證我認識你太太——她曾經是我的顧客。」

「你是說她也認得你？」

「對。是她在餐館裡認出了我。要不余富明怎麼能弄明白我在爲你做事？也許我不該告訴你，但我覺得你應當知道——你倆沒結婚前，你的新娘要我調查過你的背景。」

「你發現我過去有不少污泥濁水嗎？」

「那倒沒有。你已經是清白的人了。八十年代中期，你加入了共產黨，但天安門事件發生後，你公開退了黨，在《世界日報》上發了個聲明。這樣一下子你就抹乾淨了自己的過去。」

馮丹暗自欽佩，這資訊眞夠準確的。他同時也納悶，覺得十五年前退黨的行爲仍在塑造他的生活，雖然他還沒看透那件事的全部含意。他當時退黨主要是出於對屠殺平民的義憤。後來一切好像都發展得對他有利——他拿那綠卡和入籍沒遇到困難，聯邦調查局也沒監視他。「原來是這樣。」他對關偵探說。「那你還會幫我觀察吉娜和余富明嗎？」

「我不能做了，但有個人會頂替我。這人過去是警官，還有空手道的黑腰帶。余富明再撒野，也不敢碰他。」

「這就好。你發現余和吉娜之間有什麼不正當的行爲嗎？」

「還沒發現。除了吃午飯時兩人不知爲什麼爭吵，他們什麼也沒做。這是你那位男人的材料，但不知怎麼地，我們在中國的人員找不到你太太和她家的任何資訊。她個人的歷史一片空白。這眞叫人捉摸不透。吉娜是漂亮的女人。通常，這樣一個美人不管住在哪裡都不可能不被人注意。我在想她是否眞地來自金華。不管怎樣，我們在她身上沒有突破，但還在做。我猜她的眞名不是劉吉娜。」

「她爲啥要改名呢？」

「一般來說這是甩掉過去醜事的一種方法。但你太太不像有前科。雖然她恨我，可我不能說她是壞女人。對了，這是我的銷費報告。相信我，我也覺得不應該吃那頓午飯，還喝了瓶啤酒，但我得待在紅筷子那裡。另外，跟蹤他們的時候，我在報攤買了一本《富比世》。」

「不必擔心。」馮丹掃了一眼那些數字，寫了一張四二九．五八元的支票。

他拿起裝著關於富明的報告的牛皮紙信封，告別離開了。回到辦公室，他開始閱讀一頁頁資訊，調查做得十分仔細，他很滿意。富明的父母仍住在金華郊外的一個村子裡，一邊種菜一邊養螃蟹。難怪「富明」這個名字這麼土氣。這傢伙有兩個妹妹，一個哥哥，他們全都有自己的家，都住在金華市裡。在七年前來美國之前，余富明在一個鐵路的工廠做機械工，也是一個車間的共青團支部書記。顯然，他的遊客簽證早就過期了，但他設法把自己變成了合法居留者；他的現有身分肯定是通過購買的假證件建立起來的，不過這件事太複雜，不好證明。眼下他正在申請綠卡。這是自然的一步，因爲金華的公安局已經吊銷了他的戶口，他再也回不去了。報告中沒有什麼特別的東西，可是馮丹對富明在中國的政治背景好奇。他又給關先生打電話，讚揚資訊的質量，說這活兒達到了「中央情報局的水平」；他還問起富明過去是否是黨員。偵探說這很難證實，要看他原來那個車間有多大。如果車間很大，富明身為共青團支部書記，就一定是黨員；如果它很小，那他就不一定非得是。不過他的車間很久以前就與別的單位合併了，也就搞不清它原來有多大。

馮丹靠在椅子上，陷入沉思。為什麼吉娜的過去是一張白紙呢？她到底從哪兒來？到底是叫什麼名字？如果真如她所說她是佘富明的同鄉，她可能是從金華來的。她說普通話帶沙沙的口音，鼻音略重，證明她是南方人。結婚前馮丹問起過她的家庭，但她說他們全在一次火車脫軌事故中喪生了，全家就剩下她一人。「你不覺得好幸運找了個沒有任何家庭負擔的老婆嗎？」她反問，悲傷地笑笑。「你不用給岳父岳母買禮品了。」

馮丹越琢磨吉娜就越糊塗。他不相信她在中國或美國沒有任何親人。

春節後馮丹的生意興隆起來。他忙忙碌碌，每週至少完成一宗買賣。移民們喜歡買房產，許多人付現金，因為無法從銀行拿到貸款；有時候好幾個人——通常是家人和親戚——湊足錢買一個地方，這樣大夥都能有棲身之處。一開春馮丹的公司生意就這麼紅火，這可能預示又將是一個豐收年。有些日子他要幹到晚上八、九點才下班。身為公司的頭頭兒，他得比大多數經紀人做得更出色，才能有資格領導大家，所以他總是盡力工作。

四月初的一個傍晚，他下班早了點兒。他去到樓後面，走向泊在盛開的木蘭樹下的派克轎車；這時他看見四個小夥子站在車旁，其中三人是亞裔，另一個是拉美人。他們全留平頂頭，穿著黑T恤衫，草黃色軍褲，厚皮靴。一看見馮丹，其中一人就踢起司機這邊的車門。

「嘿，別破壞我的財產！」馮丹高喊。

「這是你的車嗎？」最高個的那人問，抽了一半的菸捲叼在嘴角。

「是。哥們兒，別對我這樣。」

最矮的那個傢伙頭頂上露出一條「跑道」，又踢起派克車來。馮丹火了，高嚷：「嘿，嘿，別踢了！」

突然那個兩眼兇狠的拉美人從褲腿抽出一根鋼條，開始砸車窗。馮丹被鎮住了，說不出話來，這時其他三個惡棍也拿出粗短的鋼筋，跟著砸起來。不到一分鐘全部車窗都被砸得粉碎，前燈也稀巴爛了。

馮丹總算緩過勁兒來，他說：「哥們兒，爲啥這樣禍害我？起碼給我個理由。」

那個高個細腰的傢伙走過來，搖晃著食指，嘴巴歪歪地笑著說：「想知道爲啥嗎？就衝你到處管閒事。」

「你說什麼啊？這是新車。嘿，不要再砸了！」

「你還不明白呀？我告訴你，別再用私人探子。沒有警察狗子能保護你。」

「你弄錯人了。你不能這樣破壞我的財產。」

「噢是嗎？」那拉美人衝上去，朝馮丹的腦門砸了一鋼條。「媽的，這回你該明白了。」

馮丹倒在地上，昏了過去。他們每人踢了他幾腳，然後跑開了。

馮丹醒過來時，發現自己躺在輪床上，在法拉盛醫院的走廊裡移動。兩位救護員把他推向急救室；這一男一女不慌不忙地走著，如同在散步。馮丹摸摸自己的前額，腦門兒被繃帶纏住了。他扭扭頭，脖子挺硬，但他頭腦清醒。他明白了，一定有人打了急救電話，叫來了救護車。吉娜在他身旁走著，窄細的手搭在輪床邊上。她兩眼略腫，仍淚汪汪的。「你覺得怎樣，丹丹？」她問。

「還好。」馮丹坐起來，呼出一口氣。

「別，快躺下。」

「我眞沒事。」

在急救室裡，一位女醫生簡單地檢查了他一番，發現傷情並不重——他甚至不需要縫針——於是她給他做了電腦斷層掃描後就允許他離開，並告訴吉娜回家後繼續給他的傷處敷冰塊。要是他頭暈，就立即回醫院來。馮丹保證那麼做。吉娜攙著他走出醫院大樓，揮手叫住一輛計程車。眞神了，雖然負了傷，他卻非常清醒，好像剛喝了幾杯濃咖啡。他希望今夜能睡好覺。

晚飯是餛飩，吃完後夫妻倆沒離開餐桌。吉娜滿臉愧色，一邊給孩子餵奶一邊聽馮丹說話。她時不時地倒吸口涼氣，嬰兒咬了她的乳頭。馮丹盡力回憶起在辦公樓後院發生的事，下結論說：「是余富明讓那些惡棍打我，砸我們的車的。幸虧我的身子骨結實，要不然他們就把我踢散架了。」

「相信我，我眞地沒介入。我知道他心腸不好，但從沒想到他會那樣做。你打算怎麼辦？」

「你覺得我該咋辦？」

「你要起訴他嗎？」

「所有的惡棍都無影無蹤了，我怎麼能證明是余富明在後面指使他們打我？其實，眞正讓我苦惱的不是他，而是你。」

「我？這是什麼意思？」

「你和他到底是啥關係？」

「他只是我的同鄉，別的什麼都不是。」

「不要再對我撒謊了。我覺得已經不認識你了。告訴我你到底是誰。我沒法跟一個像是陌生人一樣的妻子繼續生活下去。這個家變成了刑房，我受不了了！」

一陣長長的靜默充滿了屋裡。吉娜站起來，把嬰兒遞給他，然後去了她的寢室。馮丹嘆了口氣，將胳膊肘放在桌上好讓頭歇落在手上，可是他的額頭一碰到手掌，一陣疼痛迫使他坐直起來。吉娜回來了，把一個小白信封放在他面前。她說：「看看裡邊的東西，你就會知道眞相了。」

裡面是個護照或情書？馮丹猜想。令他吃驚的是他取出了幾張醜女人的相片，這人球鼻豆眼，厚唇闊嘴，臉盤圓乎乎的，不過兩眉彎成新月形。「這是誰？」他問，有點兒厭惡。

「是我。來美國後，一連幾年我做了好多次整容手術。它們完全改變了我，把我變成了這樣的女人。」她用拇指點了點自己的胸膛。「我掙的錢每一分都花到這張臉上了。我從前在芝加哥，富明也在那裡，看見過我逐漸地變化。」

好一會兒馮丹愣在那兒，不知該說什麼。他把嬰兒遞給她，然後問：「你眞地是從金華來的嗎？」

「是的。我跟富明的大妹妹上同一所中學。那時候他就認識我了。」

「你全家都死了嗎？」

「對，除了一個同父異母的哥哥，但他住在農村，我們沒有聯繫。」

「你對我太不公平了，不公平！難怪茉蕾這麼難看。告訴我實話，她是我的孩子嗎？」

「是你的，我對你一直是忠貞的。」

「儘管那樣，你把我騙進了這場婚姻。」

「我並不覺得光彩。這是爲什麼我不願讓你繼續蒙在鼓裡。如今你怎樣處置我都行，但請別告訴別人我的祕密。這是我唯一的請求。」

「你不能繼續欺騙別人。其實你騙了自己。」

「不對，我愛我的美麗。這是美國給我的最好的東西。我終於有了個跟我的身材和皮膚相配的臉蛋兒了。」

一個聲音在他心中高叫，這不是美麗，這是騙局——但他沒說出口來。他改口問：「你為啥不能甩開余富明？因為他知道你的過去？」

「是的。他經常暗示他掌握我的祕密。其實，他老求我幫他找個女友，說自己孤單難受。有時候我覺得他怪可憐的。我約摸著他有了自己的女人後，就不會再纏我了。我曾把他介紹給薩莉，但她不喜歡他。不知為什麼，沒有女人對他感興趣。這是為什麼他仍舊纏著我。」

「可你不是他的女友！」馮丹站起來，在屋裡來回踱步。每過一會兒他就咯咯笑起來或嘆氣，還不斷搖頭。窗外面空中散落著襤褸的雲彩，其中一朵飄過月亮銅色的臉膛兒。雲海下四、五隻蝙蝠翩飛舞，彷彿在表演雜技。

馮丹的走動和狂笑讓吉娜心慌。她懇求說：「別折騰我了！你如果想離婚，我不反對，只要你把茉蕾留給我。」

「想都別想。她是我的，不管她多醜，我愛她！」他壓低下巴，目光閃閃，低聲說：「我要保存這些照片。」

「請不要給別人看！」

「我沒那麼無恥。」

一聽那話，吉娜哭出聲來。「馮丹，我愛你。我知道你是眞正的君子。我保證不再搭理富明。我給你做個好妻子，讓你驕傲。」

「那種驕傲不會再讓我頭腦膨脹了。告訴我，你的眞名是什麼？」

「徐來。」

「這是啥名字？根本不像是女人的名字。」

「我是晚產兒，所以我父母給我起了『徐來』這個名字。我爸姓『徐』。」

「那你爲啥改名呢？」

「我覺得變成了另一個人，想要重新開始生活。」

「只有余富明知道你的過去，是吧？你還有別的把柄在他手中嗎？」

「沒有。他是個我甩不掉的吸血鬼。」

吉娜又抱頭哭起來；他們的女兒低聲喊：「媽媽，媽媽。」孩子不停地擺弄母親的耳朵。

馮丹和富明第二天下午在喜來登的酒吧裡見了面。上了茶後，馮丹對他鎭定地說：「我要你離我老婆遠點。」

「我要是不遵命會怎麼樣？」富明眉頭一揚，彷彿吃了一驚。

馮丹不慌不忙地從上衣的內兜裡掏出一張相片，放到富明面前。那人掃了它一眼，沒吭聲。馮丹繼續說：「現在你沒有任何她的把柄了。我知道她過去多麼醜，但我接受她做我老婆。」

「我明白了。好一個慈悲的老公。」富明輕蔑地笑笑。「我一貫獨來獨往，沒人可以對我發號施令。」

「聽著，」馮丹說，壓住了火氣，「我對你的過去一清二楚。你在金華鐵路的工廠裡當了五年機械工。」

「那又怎樣？人為什麼要對自己卑賤的身世感到羞愧呢？」

「還有，你是你們車間的團支書。你是黨員。」最後一句話只是猜測，但馮丹說得十分果斷。「你明白，共產黨員是不准踏上美國領土的，除非你是國家官員。」

富明倒抽了一口氣。他臉色蒼白，兩眼低垂，好一會兒說不出話來，似乎要盡力想起什麼事情。汗水在他的尖鼻子上結成了珠。接著他氣沖沖地說：「你沒法證明。」

「可是聯邦調查局能搞清楚，還能把你驅逐出境。」

「別在我面前擺譜。你曾經也是黨員。」

「是的，不過我在一九八九年公開退黨了。這讓我在這個國家裡成了一個乾淨的人。另外，我已經入籍了——不像你是個可以被趕出去的外國人。」

富明端起茶杯，但手抖得厲害，幾滴水灑在他的褲子上。他沒有喝茶，放下了杯子。他抓起一張紙巾，輕輕地擦著褲子上的水斑。馮丹站起來，默默地出去了，知道那人得在那兒坐上一會兒，讓褲子晾乾些。

那天晚上富明打來電話，保證不再糾纏吉娜了。他強調他也想退黨，但不敢公開那樣做，怕毀了還在中國的哥哥和妹妹的前程。他求馮丹別告發他，馮丹同意了。

富明遵守了自己的諾言，再沒在首飾店露過面。馮丹和吉娜的生活終於平靜了。然而，馮丹比以前更經常去澡堂，每回去都要先跟那裡的漂亮按摩師約好，成了她們的常客。有時候他故意在辦公室裡待得很晚，不願回家。

選擇

廣告單上說：「申請者必須能教各門課程，包括高考預習（SAT）。酬金從優。」我上午回應了這個廣告，對方請我傍晚過去見上一面。電話上那個叫艾琳．閔的人說她女兒急需一名家庭教師。同時她承認已經見過七、八個申請者，但都不合適。她每小時付四十美元；這很誘人，我沒有多少別的機會。

我在爲我的碩士論文的指導教授做些科研，他付給我一點兒工資，但夏天我還需要另一份工作來掙足秋季的學費和生活費。沒用父母資助，我設法完成了一年的研究生課程，還有一年才能全做完。我已經開始寫論文了，研究的是傑克波．里斯爲清除城市中的貧民窟所做的努力。我媽一週前來電話，說我現在去上職業學院還不晚，我父母樂意破財資助。但我又拒絕了，堅持要申請讀美國史的博士學位。我爸在西雅圖是個成功的整形外科醫生，一向反對我的計畫。他要我學醫或學法律，甚至從政——給一位國會議員做文書，因爲在他看來歷史不是眞正的專業。「你打算做什麼，當教授？誰都比教授掙得多。」聽他說此話時，我往往沉默，明白只要我專修人文學科，就得全靠自己。我從心裡瞧不起我那位典型的市儈的父親。他覺得我給他丟臉，他的朋友們都把我當成沒用的人。我知道他可能把我從遺囑中刪除。那倒沒什麼，我不在乎做一個窮學者。

我傍晚六點半左右動身。艾琳．閔的家是民間大街四十八號，離我的住處不遠，走路也就十五分鐘。從夏季開始，法拉盛市區行人更多了，他們中有些是遊客，有的從郊外城鎮來的，來買東西或到他們家鄉風味的小餐館去吃飯。商店的招牌多數帶有漢字，讓我想起瀋陽市裡熙攘的商業區。這麼多移民生活工作在這裡，你不用說英語也能應付。我在一個巴基斯坦人開的報攤停下，買了份《世界日報》，然後拐進四十一大街。一個瘦弱的女孩大步走過來，被一條鬈毛獵犬拽著。這狗在一棵小楓樹旁停下，在圍著樹幹的木箱上濺濺拉拉地撒起尿來。女孩站在一邊，等狗尿完。人行道上所有的小樹都用這種細高的紅箱子保護著。

民間大街很好找，離學院交點大道只有幾個街區。四十八號是座帶玻璃門廊的雙層洋房。雙位的車庫旁邊長著一棵大橡樹，後院裡的小工具棚後面延伸著一道高高的木板圍牆。儘管靠近市區，而且周圍的房屋擠擠插插，這所房子恬靜又醒目。我按了門鈴，一個中等身材穿著連衣裙的苗條女人開了門。她介紹自己就是艾琳．閔，上午跟我說過話，我吃了一驚。依我看，模樣這麼年輕的女人不太可能有上高中的女兒。

她帶我進入房子。寬敞的客廳裡的家具很特別，全是紅木的，樣式優雅又精緻，像是古玩。一瓶夜光雲百合花立在對面的食具櫃上。牆上方掛著一幀照片，上面是一個面容瘦削的中年人，目光溫和，前額突出，髮際退到頭頂。我坐在皮沙發上，艾琳告訴我：「那是我丈夫。他三個月前去世了。」

「那眞不幸。」我說。

「薩米，給童先生沏茶。」她對正在角落裡打電腦的一個十幾歲的女孩說。

「不要麻煩了。」我對薩米說。她站起來，沒看我們一眼。

女孩朝廚房走去。她穿著紅拖鞋，長及腿肚子的裙子下露出細細的腳腕。像她媽媽一樣，她很苗條，身材秀麗，但要矮一兩寸。她很快端來一杯茶，把它放在我旁邊。「多謝。」我說。

她沒說話，但端詳著我，她的眉梢略向太陽穴翹起，讓她的臉看上去有些頑皮。接著她轉身走向在過道那邊的臥室，拖鞋在光亮的地板上吱吱作響。她把門半掩著，顯然要聽我們的談話。我拿出學生證和研究生入學考試的分數。「這些是我的證件。」我告訴艾琳。

她看看學生證。「這麼說你是皇后學院的研究生。這是什麼？」

「研究生入學考試的成績；每個申請人都必須考。你看，我英語得了七二〇分，數學七八〇分。」

「滿分是多少？」

「每門八百分。」

「眞不容易。對不起我要問一句，既然你數學這麼好，爲什麼不學理工科？」

「實際上頭一年在紐約大學時，我在歷史和生物之間猶豫不定。」我說的是實話。「後來決定學歷史，因爲我不想依賴實驗室來做自己的工作。假如你研究歷史，你只需要時間和一個好的圖書館。」

「還要有好的腦筋。你現在學的是歷史嗎？」

「對，美國城市史。」我拿起茶喝了一口。這時我看見薩米正從她的房間透過門縫觀察我們。她發現我注意到她，就趕緊撤了回去。

艾琳滿意地笑了，臉上浮現起粉紅的光澤，杏仁眼閃閃發亮。她說：「我答應過薩米的爸爸一定幫她進一所好大學。告訴我，你能幫我女兒複習入學考試，拿到高分嗎？」

「當然能。兩年前我輔導過我表弟，他現在是加州理工學院的新生。」

「太好了。」

她決定雇用我。我第二天就開始。由於我仍在上暑期的課，只能晚上過來。當我要離開時，艾琳叫薩米出來跟自己的老師打招呼。女孩走過來，點點頭說：「謝謝幫助我，童先生。」

「就叫我戴維吧。」我告訴她。

「好吧，明天見，戴維。」她歡快地說，露齒一笑，扁小的鼻子皺起來。

從閔家出來，我覺得輕鬆了些。我每週將會教薩米五次，包括星期六晚上。我不必擔心夏季的收入了。

薩米十七歲，並不像我預想的那麼遲鈍。她聰明，但數學掌握得不牢，主要是因爲二年級時缺了一些課，給她的知識留下了漏洞。最近父親去世讓她沮喪，不能專心聽課，那些漏洞就越來越大。爲讓她更能理解基礎代數和三角，我們溫習高中頭兩年的數學。至於英語，我集中擴大她的辭彙，教她怎樣把句子寫得清晰生動。這不難，我曾經教過語法和作文。此外，我給她列了個書目，讓她讀書，主要是小說和戲劇。

有時候薩米相當淘氣。她常聞聞我的手臂或頭髮，開玩笑說：「你聞起來怪怪的，像隻動物，但這正是我喜歡你的地方。」她的話最初讓我尷尬，不過我很快就習慣了她的嬉鬧。她對我眨眼睛，眼珠轉動，睫毛撲扇；她老談起新電影和電視劇。我只把她當做學生；對我來說，她是個孩子。

我們上課時，她房間的門總是開著。我注意到艾琳偶爾在偷聽我們說話。我儘量表現得像個職業教師。每當薩米在做我布置的功課時，我就去客廳跟她母親聊幾句；我這樣做讓艾琳很高興。她請我喝茶，吃點心、堅果、果脯。有時我覺得她在等我。

我喜歡在閔家溫暖舒適的房子裡與她們同度時光。我自己的單間公寓很寂寞。我常常一個人坐著，讀書或寫論文，不由地想知道這是什麼生活。如果我明天臥床不起，結果會怎樣？如果死了，我會被埋在哪裡？除非我父母來認領我的屍體，否則我會被火化，骨灰扔到天知道的地方。我曾經認識一個菲律賓小夥子，後來他死於一場交通事故。他在駕照後面簽了名同意捐獻自己的器官，所以他的屍體被運到醫院，做了器官組織摘除，然後就被火化了，骨灰寄給了他在棉蘭老島的父母。至少我聽說是那樣。我仍然不十分清楚整個事情的始末。

在法拉盛很難交異性朋友，尤其是你想保持一種長期、嚴肅的關係，因爲大多數人白天在這裡工作，然後回家。許多生活在這裡的人並不打算長住，好像他們目前的住處只是通向別的地方的中轉點。我交過兩個女朋友，她們都離開了我。現在每當我要接觸女人，那些分手的記憶仍舊螫痛我的心。

一天傍晚我到閔家略早了點。她們正要坐下吃飯。艾琳問我吃過沒有。我說：「我沒問題。」我的語氣一定有些猶豫。她察覺到我空著肚子，就招手說：「過來和我們一起吃吧。」

「不用，我不餓。」

「戴維，聽我媽的。」薩米勸說。「她是你的老闆。」

艾琳接著說：「來吧，要是你不介意。」

我不再拒絕，在薩米身旁坐下，拿起艾琳放在我面前的筷子。晚飯很簡單：咖哩雞、糖拌番茄、烤鳳尾魚、白米飯。但我喜歡這些飯菜。這是我第一回吃烤鳳尾魚，鬆脆但很鹹。艾琳解釋說：「如今吃小魚安全。大魚裡面汞太多。」

「這眞地很好吃。」我說。

「等你每天都吃再說。」薩米插了一句。「一看到它就讓你噁心。」

我們繼續吃著，艾琳不斷地往我碗裡舀雞塊，這讓薩米不耐煩。「媽，」她說：「戴維不是小孩。」

「當然不是。我只是高興終於有人跟咱們一起吃飯了。」艾琳轉向我，補充說：「其實，三月分以來你是第一位同我們在這張桌上吃飯的人。」

我們靜默了一會兒。她又說：「告訴我，戴維，你和你女朋友誰做飯？」

「阿姨，我現在沒有女朋友。」我覺得臉上發燒，看見薩米的眼睛突然亮起來。接著她衝我一笑，露出小虎牙。

「別叫我『阿姨』，」她媽說：「叫我艾琳就行了。」

「好吧。」

「那麼你晚上來教薩米時爲什麼不跟我們一起吃飯？那會省你一些時間。」

我不知道該怎樣回答。薩米插嘴說：「我媽很會做菜。戴維，你就答應吧。」

「謝謝。」我對艾琳說。「要是那樣，你可以少付些我教薩米的工資。」

「別說傻話了。你能陪我們是賞臉。我很感激。不過，我要是做了你不喜歡吃的東西，可別抱怨。」

沒等我回答，薩米就插話說：「我媽有得是錢，告訴你。」

「薩米，別再提這些。」艾琳求她說。

「好吧，好吧。」女孩做了個鬼臉，用叉子叉起一塊楔形的番茄。她不使筷子。

第二天傍晚艾琳做了芋頭湯，裡面放了肉絲和香菜。這湯味道鮮美；薩米說這是她媽的拿手菜。她吃了兩碗，還問艾琳以後能不能經常吃。「媽，你以前每星期都做。」

艾琳不久瞭解我喜歡海鮮，她就常買些蝦或扇貝或魷魚。有時候她也買各種各樣的魚：黃花魚、比目魚、紅魚、河鱸。我發現自己白天裡也盼著去閔家，雖然在忙著別的事情。爲了不讓自己太心猿意馬，不增加太多體重，我經常和我的朋友阿維塔·巴布打網球；他是藝術史的研究生。

有時候我提前去閔家，在廚房裡給艾琳打下手——剝蒜頭，開罐頭和瓶子，用石缽搗碎胡椒粒，換垃圾袋。我喜歡在那裡轉悠。要是房子裡什麼東西出了毛病，艾琳就會告訴我，多數時候我能修好。她很感激，堅持要付我工錢和部件費用，但我不收她的錢。母女倆幾乎把我當成家庭成員，而我也同樣對她們有些依戀。

薩米在數學上進步顯著，英語卻提高得很慢。她一般聽我的話，甚至努力記住英語課本後面列下的全部單詞，但她對各門課程掌握得不牢，漏洞太多。她父親去世前經常說希望她能考進常春藤大學。我從沒表示我的疑慮，總是鼓勵她。

一天傍晚我正在給薩米解釋三角函數，艾琳進來了，氣喘吁吁地說：「我的車死了。」

「出了什麼毛病？」我問。

「我也不清楚。今早還開過，跑得好好的。」

我告訴薩米做書上的幾道題，就跟艾琳出去了。她的藍色富豪停在車道上，在那棵橡樹下。幾條毛蟲在路面上爬動，艾琳躲著不踩牠們，好像害怕。我鑽進她的車裡，扭動鑰匙點火。起動器懶洋洋地轉轉，但發動不起來。

「電池一定不行了。」我告訴她。「你最後一次換電池是什麼時候？」

「這是新車，開了才三年。」

「那它的電池一定是次品。」

「我該怎麼辦？」她搓搓小手，彷彿在洗它們。「今天我負責把書送到朗讀會上去。」她繼承了丈夫的小出版社，今晚公司舉行一個簽書活動。

「朗讀會在哪裡？」我問。

「在市區高中。」

「你這一共有多少書？」

「三十二本，一整箱。」

學校不遠，走路大約二十分鐘，於是我說可以替她扛到那裡。她想了想，好像對自己說：「也許我該叫計程車的。」隨即她改變了主意，問道：「戴維，你眞能幫我搬運這些書嗎？」

「絕對沒問題。」

「你眞好。」

我去到房子裡跟薩米說明情況。等我回來時，艾琳握著一個帶輪子的栗色旅行箱的拉桿。「知道嗎？」她說。「我找到了這個，把書全放了進去。」

「好主意。」我想她是否還需要我，既然她自己能夠拉著旅行箱去，但我決定跟她走一趟。我們就一同出發了。

我倆沿著緬因街匆忙地朝北方大道走去。旅行箱並不沉，過街時我常把它拎下或拎上馬路牙子，因爲有的街口還存有雨水。很快我就開始冒汗，T恤衫的後背濕乎乎的。我注意到人們向我們掃視，或許猜想我倆是不是情侶。艾琳比我大十三歲，但看起來十分少相，她腰肢纖細，兩腿線條清晰，步履富有彈性。我們一邊走，她一邊用紙巾擦著臉。我好興奮，彷彿這是我倆的約會，儘管我拖著這麼件大東西。我們剛穿過三十七大街，她讓我吃了一驚，對我說：「讓我給你擦擦臉吧。」

我轉過去讓她擦去我額頭和面頰上的汗水。這發生得很自然，一點兒也不像是頭一次。她笑笑，眼睛裡閃著柔和的光。接著我想起我們身在鬧市，來往行人都能看見。「咱們得快些。」我說。

我們加快了腳步，但一會兒又停下了。在名叫小肥羊的蒙古火鍋店門前，我們碰見一個有些駝背的人，艾琳稱他馮先生。他剛從餐館裡出來，仍在嚼著什麼。雖然她介紹了我們，那人仍不停地瞪我。他眼袋鬆弛，眼睛裡布滿血絲，嘴巴下陷。在他和艾琳交談時，他繼續觀察我，好像有所戒備。我站到一旁等著。過了一會兒，艾琳說：「我得趕緊走了，馮先生。咱們以後再說，好吧？」

「好，我會過來找你。」老頭子看上去不高興。他搖晃著走開了，用牙籤剔著牙。

我們繼續朝北走。艾琳解釋說馮先生來美國快十年了，他以前在大陸是職業作家，在官方雜誌《人民文藝》當編輯。他太太幾乎比他年輕二十歲，在金豐超市做工，爲了能讓他待在家裡寫書。最近他完成了一個三部曲，艾琳要幫他出這套小說，雖然她預測會賠錢。她丈夫臨終前讓她保證印這三本書，因爲他讀過這套書的部分手稿，喜歡其中的文字，也因爲馮先生是他的朋友。現在艾琳必須兌現自己的承諾。

她的公司名叫人人出版社，生意很小，只有三個雇員，全是兼職。它得以生存主要是靠她丈夫購置的「隨需隨印」的設備，能以極小的成本印刷發行量極小的書。他在這套設備上花了二十五萬美元，幾乎是他半生的積蓄。早年他從台灣來美國後，一直在醫藥公司裡做事，但後來迷上了書和雜誌，他就自己開起出版社，出版不知名作家的書，包括六七個詩人。艾琳以前在社裡做編輯。現在她是經理，也是老闆。

我倆走著走著，更多帶韓國字的商店招牌出現了，有一棟小樓的門窗大部分都釘著木板。艾琳告訴我她剛編輯完馮先生的三部曲的第一部，名叫《豬與人》。「我不喜歡。囉囉嗦嗦，老重複。」她坦白說。「我不知道怎麼給這本書找市場。」

我們準時到達市區高中。我在會議室門口放下旅行箱就往回趕，怕薩米等急了。黃昏來臨了；霓虹燈沿街亮起來，一團又一團。我放任地想著艾琳。

閔家的客廳裡總擺著鮮花；薩米說那是追她媽媽的人送的。好幾個男人在向她獻殷勤，他們大多已經五六十歲了，有的仍有太太，厚臉皮地以爲一個新寡婦可以成爲情婦。薩米說有個靠殯葬生意發了財的人有意送給她媽一架鋼琴，要是她同意跟他約會。艾琳拒絕了，說家裡沒地方放那麼大的東西，另外，她年紀不小了，學不會彈鋼琴。那人又提出送他一所殯儀館。「聽上去怪嚇人的。」我說。薩米咯咯笑起來。「是呀，那讓我媽起了一身雞皮疙瘩。」

艾琳總是告訴那些男人她答應過丈夫一定照顧好女兒，幫助她把書念好。眼下她沒心思找男人。

第二天我給艾琳的車買了新電池。換上後，我開著那輛富豪轉了一會兒，讓電池充滿電，讓電力系統重新協調運作。艾琳很感動，要付給我錢，但我說：「就算是生日禮物吧，好嗎？」

她點點頭，沒再多說。她久久地注視著我，眼裡閃著柔情。這讓我高興，心裡第一回充滿了自豪——那種覺得自己對一位好女人有用處的自豪感。

艾琳四十一歲的生日快到了。薩米告訴我不知道該怎樣慶祝。往年她爸帶她們去一家高檔餐館，通常是東雲閣或敦城，那裡爲她媽準備了蛋糕。今年爸爸不在了，薩米提出母女倆出去吃飯，但艾琳說寧願在家裡慶祝。這意味著我將被邀請。薩米不介意，只要她媽高興就行。

我也在考慮給艾琳一件禮品。我是個窮學生，不應當奢侈，但我想送她一件比汽車電池更有個性的東西。我花了幾美元跟街頭小販買了一對景泰藍耳環，天藍色的，狀似古鐘。我知道薩米給她媽買了一隻鑽石手錶。她說艾琳需要一隻好錶，她手腕上的那隻說停就停；這女孩喜歡昂貴的東西。

八月中旬清爽的一天，艾琳的生日來到了。那天傍晚，東面車流嗡嗡作響，在附近一所做日托用的房子後面，孩子們的歡叫聲時起時伏。艾琳清蒸了一條大鯧魚，紅燒了里肌。桌子一擺好，我們就坐下來。艾琳打開一罐米酒，給每人倒上一杯。薩米和我不喜歡這酒，喝起來像藥酒，但艾琳喝得有滋有味，一口接一口，說這酒暖胃，也養胃。她的口味這麼怪。我寧願喝啤酒。但我很喜歡桌上的菜，尤其是佛手條和乾絲拌的沙拉；艾琳給我添菜時，我不阻止她。她心情愉快，雖然薩米看上去有點沉悶，好像心不在焉。

薩米和我點燃巧克力蛋糕上的蠟燭，唱起〈生日快樂〉。艾琳臉色微紅，無語地微笑著。然後薩米拿出她的禮物。艾琳看見那錶，說：「謝謝你，小薩米。但你不該這麼大手大腳的。這錶一定貴得要命。」她沒有試戴，而把它放在一旁，讓它躺在開著蓋子的天鵝絨盒子裡。

我遞給她一只小紅信封，裡面裝著耳環。「這是爲了表達我對你的感激，請收下。」我說。

「你給我買的？」艾琳打開紙袋時驚叫起來。「你太好了。謝謝你！」她在女兒面前搖搖那對耳環。「是不是很漂亮？」

「當然啦。」女孩苦笑一下，低頭不去看艾琳歡悅的臉。她瞧瞧自己的禮物，那錶躺在她媽媽的胳膊肘那面。我有點難爲情。

紅暈湧上艾琳的臉頰，連她的脖子都變得緋紅。片刻間她眼波搖動，目光灼灼地看著我。她的手指不停地撫摸著耳環。我想如果薩米不在場，艾琳大概會戴上它們，儘管她耳垂上的洞可能已經無法讓耳環鉤穿過。

「戴維，你的生日是哪天？」她問。

「十月二十三號。」

「啊，還有兩個月。我會記在日曆上，咱們得慶祝。」

她的話讓我心裡溫融融的，因爲這意味著秋季薩米開學後艾琳仍會雇用我。我需要這筆收入。我注意到薩米在專注地觀察我；她一定猜透了我的心思。我對她說：「這麼說你還得忍受我一段時間。」

「我不會放棄你的。」她說，近乎兇狠地咧嘴一笑，兩顆小虎牙齜了出來。

我不明白她的意思，就轉向艾琳。「請不要爲我的生日操心。」

「行了。你會一步一步地幫助薩米申請大學，對不對？」

「我當然會。」

「那你就不應該丟下我們。」

薩米站起身離去，彷彿氣呼呼的。艾琳抓住女兒的手問：「你爲什麼要離開呢？」

「我頭疼，要自個兒待會兒。」她掙脫母親的手，噘著嘴走開了。

艾琳對我說：「別擔心。她很快就會好的。」

隨即什麼東西——一個杯子或瓶子——摔碎在薩米屋裡的地板上。直到那一刻我才記起她去世不久的父親。

每個星期五晚上薩米都去四十五大街上的一家養老院做義工，主要是洗衣服；她需要這項社區服務來塡寫她的大學申請表。她說那裡的洗衣間聞起來像有人剛在裡面嘔吐過。然而，那些老人挺喜歡她，因爲她不像有的員工那樣對他們吼叫。她經常跟我談起那個地方，說等自己老了，寧可自殺也不去養老院。一次，夜間的領班要她幫忙給一些臥床的老女人擦澡。她的任務是扶住她們的肩膀，好讓護士擦洗她們的後背。有的人背上生了褥瘡。一個縮成一副骨架的病人用廣東話尖叫著，薩米不用聽懂就知道那是在罵她。另一位頭全白了，不停地哭，還嘟囔：「眞是沒有用了，我最好快點死！」薩米屏住呼吸，不吸入她們身上的汗味和臊氣。

她也告訴過她媽這類經歷。艾琳很擔心，怕女兒心裡更苦惱但不全表露出來，就問我是否應該叫她不幹了。我讓她放心，只要薩米能說出來這些，就不會有問題。實際上，這女孩並不那麼脆弱，雖然她好像缺乏毅力。我相信這種社區服務會使她堅強些，另外，她可以求養老院的經理給她寫封推薦信，那會讓她的入學申請書與眾不同。艾琳同意了。

艾琳的一個雇員去明尼亞波利斯市參加兒子的婚禮了，我主動在下午去出版社幫忙。我不會操作印刷機和電腦程式，就複印東西並做些辦公室裡的雜活兒。一天下午，馮先生過來了，開始跟艾琳爭論起他的小說。我在裡屋裝訂一個幾頁的小冊子，牆上垂直地掛著兩個條幅，上面寫著這個公司的座右銘：「爲普通人出書／替平凡者立傳」。

「不行，不行，第一版起碼要一千本。」我聽見馮先生用刺耳的聲音說。我探頭看了看他和艾琳，兩人都坐在長桌那邊，面前放著茶杯。那老頭兒用骨節突兀的手托著下巴，胳膊肘支在桌面上。

「別太感情用事。」艾琳說。「我們賣不了那麼多本，也沒有地方存放。」

「那你打算印多少本？」

「最多兩百。」

「太荒唐了。」

「我們出版的小說從來沒超過兩百本。如果你要多印，那就交一筆錢做爲印刷成本。」

「你這是什麼意思？」老頭子驚駭地往後一靠。

「你得買下你要求多印的冊數。」

「我現在手頭沒錢。」

「說實話，我們不能在這本書上賠得太多。」

馮先生對著自己的拳頭咳嗽一聲，嘆了口氣。「好吧，我想人在這裡不得不向現實低頭。我以前起印都是八萬冊。」

「那是過去在中國大陸。別生我的氣，馮先生。如果需要，我們可以趕緊加印。」

「好吧。這可是你說的。」

「我說話算話。」

老頭鼓著腮幫，耷拉著腦袋走出了門。艾琳長嘆一聲，用拇指和食指按摩著太陽穴。外面，一輛卡車正把熱氣騰騰的瀝青卸在街上，閃著後燈，鳴著嘟嘟的哨笛，同時一個頭戴安全帽的工人揮著桔紅色的旗子在指揮交通。

我尋思艾琳的出版社能維持多久；它不賺錢，她自己也忙不過來。

九月下旬的一個下午，我在跟阿維塔打網球時扭傷了腳。接連幾天我不能去閔家，薩米就過來上課。她在我的房間裡很興奮；儘管公寓又小又破舊，它爲我們提供了親密的環境。她對我說話時，褐色的眼睛常常盯著我。她笑得高亢，無拘無束。彷彿我們相處了好幾年，她常拍我的胳膊；有一回我叫她「小丫頭」時，她還掐了我的臉。她不像以前那麼用功了，而話卻多了，雖然我一再把她拉回到課本上來。她聞聞空氣，粉紅的鼻孔微微張合，接著說：「唔，我喜歡你房間的味道。」

一天晚上我找不到我的黑汗衫。三天前我還穿過它，後來把它丟到了裝得滿滿的洗衣簍旁。這個星期除了薩米沒有別人來過。一定是她拿去了我的汗衫——這令我不安，因爲她還是個孩子，另外，我從沒想到有人會喜歡我的氣味。我的第一個女友說我「氣沖霄漢」，叫我上床睡覺前必須洗澡。她甚至不把自己要洗的衣服跟我的混在一起。我的第二個女友倒沒抱怨過，所以我不怎麼用除臭劑。

不久艾琳打來電話，說女兒晚上不在家讓她不安。我的腳脖子好些了，於是我答應回她們家上課。但出乎我的意料，第二天下午艾琳本人來到我的小公寓裡，帶著一籃子水果——橘子、李子、蘋果和鴨梨。她說抱歉，沒提前跟我打招呼。我高興極了，一連幾天心裡光想她。她坐下後，我給她泡了杯香草茶。她的臉略微傾斜，顯現著歡悅。

「哦，眞高興看到你能走動了。」她說。「我好擔心啊！」

「爲薩米還是爲我？」

「都爲。」她吃吃笑了。

「我一直在想你。」我脫口而出，臉上發燙。

一聽這話，她低下頭，臉紅起來。隨即她抬起眼睛凝視著我。我摸摸她的手腕；她把另一隻手放在我的胸上。我們一下子抱到一起。

我們挪到床上，就好像出於習慣。她熱切地坦白說：「啊，我經常夢想你跟我這樣做！」我進入她身體時，她兩臂和雙腿緊緊地摟住我。

她在這裡待了一小時，我的房間裡第一回充溢了類似家的溫暖。

她撫平裙子上的皺褶，看著我說：「請來我們家教薩米。我心裡會慌慌的，如果她晚上不在家，尤其是跟你在一起。我敢肯定你迷倒了好多女孩。」

「我已經答應了過去教課。別擔那份心了，我喜歡熟女。」我知道自己沒有魅力。

她點頭笑了，準備離開。我爬起來要送她出去，但她制止住我，輕快地走到門口。關上門之前，她轉過身說：「我會想你的，還有他。」她用食指點點我的下身。然後她就消失了，咯咯地笑著。

她在我的枕頭上留下了杏子似的淡淡香氣。我久久地沉浸在幻想中，臉半浸在她的幽香裡，想像著在她家裡和她做愛。

整整一星期我在幫助薩米改寫申請大學用的文章。她作文寫得不錯，但她的句子有時太糾結，淨是陳言和抽象的詞語。我鼓勵她下筆簡練直接，確保每句話都爲全篇添色，把每一個無意的重複看作是缺點。我解釋說每所大學要收到數千份申請，無法認眞考慮每一份。審閱的人憑印象和興趣來作出判斷，他們的任務是確定申請人有沒有書寫能力。因此重要的是文章要清晰有趣，而內容本身並沒有多大關係。

艾琳和我只能偶爾聊上幾句，互相渴望地對視著。只有星期五晚上當薩米在養老院做事時，我倆才能歡聚。我溜進閔家，我們在床上待上兩小時。我愛艾琳。跟她在一起，我覺得自在滿足，彷彿她是陽光明媚的港灣，我在其中下錨。她要我保證不讓她女兒懷疑我們的好事。

我的生日差一週就要到了，薩米和艾琳私下商量著送我什麼。她們也問過我。薩米買了一副網球拍，我注意到它們放在她的床底下。但我不清楚她要給我一對兒還是其中的一支；她曾經要我開春後教她打網球。她的要求讓我高興，因爲這表明她期望我留下來。

其實，我網球打得不好。預想到薩米會要我兌現承諾，我就常和阿維塔一起練球。

我也注意到艾琳房間裡有一台筆記本電腦，仍然封在箱子裡。有天晚上我離開閔家時，聽見薩米對她媽抱怨：「明年他還在這裡怎麼辦？你會給他買輛車嗎？」

「我想要他多幫助你。」艾琳說。

她知道我的顯示器最近燒壞了，我一直用圖書館裡的電腦。她的過重的禮物也讓我不安。

我生日的前三天，又悄悄去了閔家。這是星期五傍晚。拐進民間大街，我看見馮先生從艾琳家的前院出來。他身披風衣，像一件斗篷，兩袖飄擺。我揮手跟他打招呼，他哼了一聲，雙眉緊皺，劇烈地咳嗽起來。

艾琳打開門，擁抱了我。我問她馮先生爲什麼看上去不痛快。

「還不是同樣的原因？」她回答說。「他要我印五百本他的小說。」

我們把鞋留在寢室的門前，進了屋，開始從容地做愛。外面暮色更深了，我倆躺在特大的床上，好像要這樣過夜。燈全關著，因爲艾琳喜歡黑暗。她曾告訴我：「這樣我能放得開。」

過了一會兒，她問：「你不想讓我給你生個孩子嗎？」

「當然了，我想搞出一幫來。你打算給我生幾個？」

「十幾個吧，要是我能的話。」

「我喜歡小孩。」

突然門砰地響了一聲。我坐起來，氣喘吁吁，心跳加快。接著傳來薩米的尖叫聲。「你們該死！不要臉的畜生！」她又砸起門來，這次是用橡膠之類的東西——那一定是我的鞋，然後她跑上樓去。艾琳顫抖著，臉變得憔悴，眼睛在灑進窗來的月光中忽閃。她催我離開。「你必須馬上走，快點！」

我渾身冒虛汗，急忙穿上衣服，衝出了房子。我奔逃的一路上，街燈在我眼睛裡游動。

艾琳第二天早晨打來電話。她聽上去很疲憊，沒多說什麼。顯然她的辦公室裡還有別人。她要我傍晚去她家，我答應了。我不清楚她到底爲什麼給我打電話；也許她要確保我會繼續教薩米。但在她倆面前我怎麼可能依然保持平靜？

晚飯後，我動身去閔家，滿懷憂慮。接近她們的院子時，我看到一個紙箱立在垃圾桶旁邊，一副網球拍橫躺在箱子上面，多數網線都剪斷了。這情景讓我涼了心。大約二十英尺外，五六隻肥胖的麻雀在一灣骯髒的雨水裡洗澡，撲扇著翅膀，啄剔著羽毛，歡快地嘰喳叫著，根本不理會我。不知爲什麼這些鳥使我心情好些。

我按了門鈴。艾琳開了門，把我讓進客廳。她遞給我一張支票，含淚說：「戴維，我們不需要你幫忙了。請別認爲我叫你來是要羞辱你。薩米堅持要我當著她的面跟你說清楚。」她的語音顫抖。

「我明白。」我勉強說。「多謝了。」我接過支票，覺得房子在搖擺。

我正要轉身離開，薩米說：「等等。我媽有件東西給你，是生日禮物。」

「別說了，薩米！」艾琳喊道。

「爲啥不讓他帶回去呢？你既不想退貨又不要砸碎它。」她指指沙發上的筆記本電腦。「請把它帶走吧。」不等我回答，她捂著嘴，飛快地奔回自己的房間。

「請原諒她。」艾琳低聲說。

「沒關係。」我端詳她蒼白的臉，她的面頰抽搐著。

兩天後筆記本電腦寄到了我的住處。我想把它送回去，但怕那會傷害艾琳的感情。我眞想她。

後來的幾週裡我常常碰見薩米。起初我很尷尬，但她卻隨便地跟我攀談各種各樣的事情——幾個剛來的亞裔移民被搶了，一位西藏喇嘛啓迪心靈的布道，各場慶祝春節的活動，法輪功呼籲退出共產黨。她不再像以前那樣取笑我，但時而給我打電話。我告訴她我對她媽是眞心眞意，希望她能接受我們的關係。我讓她媽快樂，她讓我成爲好男人。

「算了吧。」薩米氣呼呼地在電話上說。「論年紀她可以給你當媽。你不是曾經叫她阿姨嗎？」

「別這樣，薩米，她比我才大十三歲。」

「你不會娶她的。爲什麼要作踐她的感情呢？」

「你怎麼知道我不會娶她？」

「因爲她不能給你生孩子。」

「我不在乎。」

「你不過是要玩弄她一陣兒，然後就甩掉她。」

「別再給我打電話。」我掛上了，艾琳不能生育的說法讓我不知所措。

雖然我對薩米不滿，但相信她說的是實話。我倆做愛時，艾琳從未提過避孕；我以爲她服了避孕藥。要是我娶了不能生育的女人，那會傷透我父母的心。我是他們唯一的兒子，他們指望我延續家族的血脈。

但我無法把艾琳趕出心房。我渴望和她睡在那張特大的床上，聽不到外面的世界。我從沒這樣絕望地愛一個人。我給她打過一次電話，激動得喘不上氣來。我說我想她；她嘆了口氣，求我別再跟她聯繫，至少在薩米申請完大學前不要這樣做。「眼下我不願打擾她。」她好像認從了，但我聽得出來我也在她心上。我提醒自己要耐心。

薩米和她媽不一樣，老給我來電話，要我對她的申請書提建議。她的考分不高，進常春藤大學的機會不大。我勸她申請賓西法尼亞大學和康乃爾，再加上幾所紐約市裡的院校。她理想的學校是我的母校——紐約大學，因爲她想離家近些，好和媽媽作伴。一個星期六上午，我在公共圖書館裡遇見了她；在二樓的一個角落裡的書架後面我倆幾乎撞了個滿懷。她穿著及膝高的小山羊皮長靴和帶大鈕扣的紅色厚呢短大衣，顯得結實健壯，但依舊是一副少女模樣。她的手不經意地摸著獨片玻璃的窗戶，在上面留下印跡，但那些掌印立刻就消失了。外邊，茸茸雪花隨風在雲朵半掩的藍天下搖舞。「當然啦，許多男人對有錢的女人感興趣。」她說。

「老天在上，我根本不知道你媽多有錢。」我反駁說。「我不在意。」

「嗯，我比她更有錢。我有一個大信託基金。」她盯著我，她眉頭有點過寬。「你不能再亂搞我媽了——夠了，到頭了。」

「我愛你媽，但我不明白你爲什麼這樣沒心沒肝。」我越說越來氣，轉過身咚咚地跑下了樓梯。再見到她時，我儘量表示友好，意識到惹不起她，不能讓她以我爲敵。如果我要和艾琳重圓，就必須讓母女倆都接受我。

一連幾星期我在努力作論文，使論點犀利，消除行文中的疙瘩之處，補加上所有註腳。我強迫自己忙碌，來壓抑心中的苦惱。我的教授讚揚我寫出來的部分，說我夏天之前就可以畢業。然而，快速的進展卻讓我茫然，我不得不考慮畢業後做什麼。

白天漸漸長起來。三月下旬，薩米開始收到學校的來信。賓西法尼亞大學拒絕了她，但出乎意料，康乃爾接受了她。她來到我的住處，高興得快瘋了，緊緊地抱住我，說現在她父親在九泉下可以歡慰了。她興奮得臉蛋兒紅撲撲的，甚至頭髮都更光亮了。對這消息我也滿懷喜悅，雖然出於不同的原因；我說了許多康乃爾的好話。

我打電話給艾琳，表示祝賀。她也滿心歡喜。「沒有你的幫助，薩米不可能進那所常春藤學校。」她懇切地說。

「你應該鼓勵她去康乃爾，」我說：「那地方很棒。我認識一些校友，他們都喜歡那裡。」

「我知道你在想什麼，戴維。」

「我在想你，哪都想。」

「我也想你，」她嘆息說：「但我們必須耐心。」

幾天後，我在當地的報紙《北美論壇》上看到一個廣告：艾琳的出版社招聘一位編輯助理。這是份兼職工作，每週二十小時，付給「與經驗相稱的薪水」。這個機會使我的腦筋轉動起來，一整天我都興致沖沖，滿懷希望。我問阿維塔該不該申請。他把茶袋在熱氣騰騰的杯子裡浸了浸，然後說：「老弟，我要是你，就去追她的女兒。」

那天晚上薩米打來電話：紐約大學和薩拉·勞倫斯學院都拒絕了她。我暗自慶幸，又勸她去康乃爾。「想想看，那會讓你爸多高興。」我說。

兩天後，我一清早就來到人人出版社。雇員們還沒來上班，艾琳自己在那裡。見到我，她一愣，隨即平靜下來，讓我進入她的辦公室。四壁排列著微斜的架子，上面擺著書和小冊子。她給我倒了一杯咖啡。一絲苦笑掠過她的臉，她有些憔悴，下巴略尖。「榛子味的。」她說。「奶油和糖。對不起，沒有蜂蜜。」

「這就很好。」我感激她記得我喜歡榛子味的咖啡加蜂蜜和奶油。我告訴她我來申請那個工作。

「我會是你的好幫手，」我向她保證，「說不定將來我會成爲一個大編輯呢。」

她凝視著我，嘴巴微微張開，下唇比上唇略厚些。接著她閉上嘴，臉色又平靜下來。「太晚了，戴維。」她說。

「你是什麼意思？那個工作已經找到人了？」

「沒有，我們還在找，但我不能讓你在這裡工作。」

「爲什麼？我不稱職？」

「不，不是那個原因。薩米剛被皇后學院接收了。她要去那裡。」

「你是說她放棄了康乃爾？」

「對。她怕我自個兒在家會孤單。我盡力勸她出去上學，可她非要待在家裡。」

「你怎麼能肯定那是她唯一的動機？」

「我們娘倆昨天夜裡談到很晚。我倆都對你有感情，但我們互相保證誰也不再跟你拉扯。」

「原來是這樣。」

「別生我的氣，戴維。我珍惜你和我一起度過的時光，會永遠記著你是自己喜愛的人。我知道女人到了我這個年紀，也許再也不會遇見和你一樣好的男人了。可是薩米剛爲我做了那麼大犧牲，我不能再讓她失望，不管我多麼愛你。」

「她有你這樣的媽媽好幸運。」我嘟囔說。

淚水湧上我的眼睛，我趕緊起身，衝向門口，不願讓她看見我的臉。我匆忙走到街上，覺得她兩眼緊盯著我的背影。已經下雨了，毛毛細雨在空中飄旋，浸透著吐葉的樹枝和我的頭髮。我心裡難過，但更是感動。

孩童如敵

孫子和孫女都恨我們。男孩十一歲，女孩才九歲，兩個都是自私、邋遢的傢伙，根本不尊敬老人。他倆對我們的敵意從他們改名的那天就開始了，那是大約三個月前的事。

一天傍晚孫子抱怨說同學們叫不出他的名字，所以他要改名。「他們好多人管我叫『雞肝』。」他說。「我想要一個跟別人一樣的普通名字。」他名叫習奇敢，對老外來說的確不容易發音。

「我也要改名。」他妹妹習花插嘴說。「他們誰也發不準我的名字，有的叫我『娃』。」她噘噘嘴，臉脹大了，兩腮仍帶些嬰兒膘。

我老伴兒沒等他們父母回答，說：「你們應該教他們怎樣說你們的名字。」

「他們老是笑話我的名字。」孫子說。「『奇敢』，我要不是從中國來的，我也會說『雞肝』。」

我告訴兩個小孩子：「改名的事要小心。我們去問了一個有名的算命先生之後才選定了你倆的名字。」

「呦，誰信那玩意兒？」孫子嘟囔一句。

我兒子插進來對他的孩子們說：「讓我好好想一想，行嗎？」

我們細眉小眼的兒媳婦曼迪也開了口。「他們應該用美國名字。如果名字太難發音，將來麻煩多著呢。我們應當早就給他們改名。」

我們兒子古冰好像同意，不過當著我們的面他沒多說話。

老伴和我對這件事不高興，但沒盡力阻擋孫子和孫女，於是曼迪和古冰就開始爲孩子尋找合適的名字。女孩的名好改，他們就叫她Flora，既然她的原名的意思也是「花朵」。但男孩的名字太難找了。英語裡的姓名比較簡單，大部分已經失去了原來的意義。「奇敢」的意思是「神奇勇猛」。在英語裡你上哪兒去找一個具有同樣涵義和氣勢的名字？我剛指出這一點，孫子就嚷起來：「我不要複雜古怪的名字。我只要個平常的名字，像查里，或萊里，或喬里。」

那可不行。名字事關禍福和命運——這是爲什麼算命先生根據名字的筆畫順序和數目就能預測人生中的沉浮。誰也不應該隨隨便便地換個名字。

曼迪去公共圖書館借回一本關於嬰兒的書。她翻閱了這本小冊子，選定了「Matty」。她解釋說：「『Matty』是『Mathilde』的縮寫，是從古德語演變過來的，意思是『英勇善戰』，跟『奇敢』的意思相近。另外，在英語中它有『mighty』——『強大』的回音。」

「聽上去有點兒不對勁兒。」我說。我心裡老琢磨著我們的姓，沒法把「Matty」跟「習」結合起來。

「我喜歡。」孫子喊道。

他好像故意跟我作對，所以我沒多說。我希望我兒子能拒絕那個選擇，但古冰一聲不吭，只坐在搖椅上喝冰茶。這件事就這樣定了。孫子去學校告訴老師他有了新名字，叫Matty。

隨後的一週裡他好像挺高興，但他只快活了一陣兒。一天晚上他對父母說：「我的朋友卡爾告訴我Matty是女孩的名字。」

「不可能。」他媽說。

「當然是眞的。我問過一些人，大家都說聽起來像個女娃。」

我老伴兒在圍裙上擦擦手，對我們兒子說：「爲啥不查一查呢？」

那本關於嬰兒名字的書還沒還回去，於是古冰查了一下，發現那個名字後面印有「m. or f.」。顯然曼迪沒注意到該名對男孩和女孩都適用。她的疏忽或無知讓她兒子火上加火。

該怎麼辦呢？十一歲的孩子氣得快哭出來，埋怨他媽給了他一個性別模糊的名字。

最後我兒子拍拍膝蓋說：「我有個主意。『Matty』也可以是從『Matt』演變過來的。爲什麼不能拿掉『y』這個字母，就叫你Matt呢？」

孫子臉色一亮，說他喜歡這個名字，但我反對。「看吧，這書上說『Matt』是『Matthew』的縮寫。這跟『神奇勇猛』的意思不搭邊嘛。」

「誰在乎那個！」孫子高聲說。「我就要叫Matt。Matt！Matt！」

我沒再說話，覺得臉在繃緊。我站起來去涼臺上抽袋菸。老伴兒跟了出來，她說：「老頭子，咱們孫子的話你別往心裡去。他不過是有點兒迷惑，急眼了。快回屋吃飯吧。」

「等抽完這袋菸。」我說。

「別耽擱太久了。」她轉身回公寓裡去，瘦小的肩膀比以前駝得更厲害了。

樓下汽車在濕漉漉的街上來回滑過，像是彩色的鯨魚。如果來美國之前我們沒把在大連的財產都賣掉就好了。古冰是我們唯一的孩子，所以我們認爲最好和他住在一起。如今我眞後悔來到這裡。到了我們這把年紀——老伴兒六十三，我六十七——要適應這裡的生活太難啦。在美國好像你越老就越卑賤。

我和老伴兒都明白我們不應該干預孫子孫女的生活，可是有時我控制不住，偏要給他們提點建議。老伴兒相信是我們兒媳婦把孩子慣壞了，使他們蔑視我們。我倒不覺得曼迪有那麼可惡，雖然她的確是個溺愛的母親。除了他們喜歡的幾樣飯菜，孫子和孫女瞧不起任何中國的東西。他們痛恨週末學校，因爲去那裡得學習讀寫漢子。孫子宣稱：「我才不需要那些狗屎呢。」

每回聽到他那樣說，我得費好大勁才能把火壓下去。他們父母逼著他們上週末學校，雖然孫子和孫女不再學寫漢字了。他們去那裡只跟一位台灣來的藝術家學畫國畫。孫女敏感嬌弱，可能有點兒藝術細胞，但孫子什麼都不行，光會做白日夢。我眞擔心他會淪落成叫花子。他既不畫竹子，又不畫金魚，也不畫山水，卻捏著毛筆在紙上列出些橫道道，聲稱這是抽象畫。他用著墨的濃密度來做各種試驗，好像那是水彩顏料。有時候他還在家裡瞎畫一氣。看到他作畫時那副認眞的樣子——眼睛細細的，臉盤胖乎乎的——我就想笑。有一回他把一張畫上了豎條條的東西給他們學校的藝術老師看。眞邪門兒了，那女人倒讚賞它，說這些線條使人聯想到瀑布；你要是把畫橫過來看，又會看見雲層或某種地貌。

這是什麼鬼話！我私下對古冰抱怨，勸他給孩子些壓力，讓他們學習眞正的課程，比如科學、經典著作、地理、歷史、語法、書法。如果孫子眞地應付不了那些功課，他將來應該考慮學修汽車或做廚師。汽車修理工在這裡挺掙錢——我認識一個在修車廠做工的小夥子，一句英語也不會說，但他每小時掙二十四美元，外加年終的大紅包。我對兒子說得清清楚楚，幾招「藝術」的小道道兒不會讓他的孩子有出息，所以他們最好別再耍弄毛筆作畫。古冰說兩個孩子還小，不該強迫他們，不過他同意跟他們談談。曼迪跟古冰不同，她站在孩子們一邊，說我們應當讓他倆自由發展，不該像在中國那樣限制他們。老伴兒和我都對兒媳婦的主張不高興。每當我們批評她，孫子和孫女就嘲弄或喝斥我們，全力保衛他們的媽媽。

我對美國的小學教育有嚴重的保留。老師從不強迫學生用功。孫子在三年級時學過乘除法，可是兩個月前我讓他計算一五八六元的百分之七十四是多少，他根本不會算。我遞給他一個計算器，鼓勵說：「用這個。」就是這樣，他仍不知道可以用那個數乘上〇點七四。

「你不是學過乘除法嗎？」我問他。

「我學過，可那是去年。」

「那你也應該會算呀。」

「我們今年沒練習乘除法，我就對它們不太熟悉了。」那話是他給我的正當理由。我無法使他明白一旦學過一門功課，就得掌握它，把它變成自己的一部分。這是為什麼我們說知識就是財富。你不斷地積累，就變得越來越富有。

這裡的老師不給學生布置眞正的作業，卻給他們很多「專案」。有一些論題不過是想入非非，容易讓孩子們的自我沒邊沒際地膨脹。我兒子不得不幫助他的孩子們完成那些專案，好像那都是給家長布置的作業。有些題目就是成人也無法應付，比如「文化是什麼？它是怎樣創造的？」、「以你自己的觀點來支援或反對伊拉克戰爭」、「膚色怎樣劃分著美國社會？」、「你認爲全球貿易有必要嗎？爲什麼？」我兒子必須不斷上網或去公共圖書館查詢，才能找到討論那些問題所需要的資訊。我承認，這些論題可以開闊學生們的眼界，讓他們自我感覺良好，增強自信，但他們小小的年紀，不應當像政治家或學者那樣來思考問題。學校應該教他們遵紀守法，首先成爲負責任的公民。

每回我問孫女她在班裡排名第幾，她都聳聳肩膀說：「我不知道。」

「你不知道——這是什麼意思？」我懷疑她排名一定低於平均線，雖然她不可能比她哥哥還低。

「吉倫太太從不給我們排名。」那是她的回答。

如果眞是那樣，我對這裡的學校就更失望了。要是他們不給學生灌輸出人頭地和出類拔萃的意識，他們怎麼能使學生在這個全球經濟中具有競爭力？怪不得許多亞裔的父母不看好法拉盛的公共學校。說實話，這裡的小學教育傾向於誤導孩子。

五週前，孫子吃晚飯時宣布他必須改姓，因爲那天上午一位代課教師把「習」（Xi）發成了「十一」。結果全班哄堂大笑，有些學生課後還開孫子的玩笑，叫他「邁特·十一」。孫女插話說：「是啊，我也要改姓。我的朋友莉塔剛把她的姓改成吳。有些人發不出『Ng』，就叫她：『莉塔·壞蛋』（Reta No Good）。」

他們爸媽大笑起來，但我不明白這有什麼可樂的。我老伴兒對孫女說：「等你長大結婚時你就可以跟老公的姓。」

「我才不要男人呢！」孫女搶白一句。

「我倆必須改姓。」孫子堅持說。

我喊道：「你們不能那麼做。你們的姓是屬於咱們家的，你們不能把自己跟祖宗切斷。」

「狗屁！」孫子的鼻子和眼睛擠到了一起。

「你不能這樣對爺爺說話。」他奶奶插嘴說。

曼迪和我兒子互相遞了個眼色。我知道他倆在這一點上跟我們看法不同。也許他們一直在計畫給孩子改姓。我火了，把飯碗往桌上一摔，指著曼迪說：「你想方設法地慣他們。現在你高興了，讓他們從家譜上分出去。你是什麼媳婦？我當初就不該讓你進這個家門。」

「爸，別發這麼大的火。」我兒子說。

曼迪沒回嘴。她哭起來，葫蘆形的鼻子上露出皺紋，而兩個孩子卻動了氣，怪我傷害了媽媽的感情。他們越胡說我火氣就越大。最終我控制不住了，高喊：「你倆要是改姓，你們就出去，離開這裡。你們不能人住在這個家裡卻用別的姓。」

「你是誰？」孫子平靜地問。「這不是你的家。」

「你們只是我們的客人。」孫女加上一句。

這話把我老伴兒惹急眼了。她對孫女嚷起來：「我們把在國內的一切都賣了，包括房子和糖果店；我們到這裡來是爲了做客，嗯？沒心沒肺。誰告訴你這不是我們的家？」

她的話把孫女噎住了，雖然女孩仍舊怒沖沖地瞪著奶奶。我兒子央求大家：「快別吵了，咱們吃頓安靜飯吧。」他繼續嚼著炸蝦，兩唇閉合。

我想高喊他是飯桶，就知道吃，不過我控制住自己的憤怒。我們怎麼養了這麼個沒有脊梁骨的兒子？

公平地說，他學有所成，是橋梁工程師，幾乎拿六位數的年薪，但他怕老婆，寵孩子，從來美國後就越來越走下坡，好像變成了一個沒有脾氣、沒有主張的人。我常常想直言告訴他，他必須活得像個男人，起碼跟他過去一樣。他母親和我經常私下揣摩他是不是床上不行；要不，他怎麼能老聽曼迪的？

吵了那架後，我們決定搬出去。古冰和曼迪幫我們填了表，申請市裡爲老年人提供的房子，不過我們得等好長時間才能排到。如果不是年紀大了，身體又不好，我們會住得遠遠的，完全自立，但在這個國家他們是我們唯一的親人，於是我們只能搬到一個附近的地方。我們暫時住在四十四大街上的一個單間公寓裡，是古冰給我們租的。有時他過來看看我們過得怎樣，需不需要什麼。我們從沒問過孫子和孫女現在用什麼姓。我猜他們一定有了美國的姓名。這多讓人傷心啊——你在紙上看見孫子孫女的名字卻認不出他們了，好像這家人斷了香火，消失在人民大眾之中。我一想起這事，就心痛。離開中國前我多考慮一下就好了。如今回不去了，我們不得不在這裡度晚年，在這個地方連你的孫子孫女都會狠如仇敵。

孫子孫女通常躲避我們。要是在街上碰見，他們就警告我們不要再「折磨」他們的媽媽。他倆甚至揚言要叫警察，如果我們沒經得同意就進入他們家裡。他們不必警告我們。自從搬出來，我倆就再沒登過他們的家門。我跟兒子說過只要他的孩子用不同的姓，我們就不接受他們作爲家庭成員。

古冰從未提起這件事，雖然我仍在等著他回答。現在這事就這樣懸著。有一天老伴兒越想越氣，要去曼迪的籤語餅工廠舉起一個大牌子，對大家宣布：我兒媳婦鄭曼迪是地球上最不孝的人！不過我攔住了老婆。那有什麼用呢？曼迪的公司當然不會因爲她不讓公公婆婆開心而解雇她。這是美國，在這裡我們必須學會自立，只管好自己的事情。

兩面夾攻

雇員們都看得清楚公司舉步艱難，一些人很快就會丟掉工作。整個上午楚田都待在他的小隔間裡，不停地處理發票。即使午休時他也儘量不跟別人閒談，因爲解雇這個話題讓他不安。他在這裡只幹了兩年，很可能第一批離開的人中就有他。幸運的是他已經成爲美國公民，不必爲領失業津貼感到羞恥；對那些申請綠卡或入籍的人，移民局會把領取失業津貼當作個污點。

下午三點左右，他正打著字，手機響了。他嚇了一跳，從褲兜裡掏出手機。「喂。」他壓低聲音說。

「田兒，你今天怎樣？」傳來了他母親沙啞的聲音。

「還可以。我告訴過你不要打到我的班上來。別人能聽見我說話。」

「我想知道你晚飯要吃啥。」

「媽，別操這份心了。你不會使爐灶和烤箱，可能又會把煙火報警器給弄響了。回家的路上我會買點吃的。」

「康妮怎麼了？她為啥不能買東西做飯？你不該這麼慣她。」

「她忙，行了吧？我不能多說了。一會兒見。」他關掉手機，站起來看看鄰近隔間裡的同事們是不是在偷聽。似乎並沒有人注意。

他坐下來，打了個哈欠，按摩眉骨以減輕讀電腦螢幕所帶來的疲勞。他知道母親在家裡一定很孤獨。老太太經常抱怨說沒有朋友，沒有什麼電視可看。的確，大多數電視劇都是重播，有些只說她聽不懂的廣東話或閩南話。楚田從圖書館借的書她也越看越沒勁。要是能跟什麼人拉拉家常天該多好。但他們的鄰居白天都出去上班，她自己又不敢上街，因為讀不懂英文的街牌。這周圍太清靜了，她常抱怨說。房子看起來比人還多；煙囪到處都是，可就是沒有冒煙的。整個街區早上九點鐘後就空空蕩蕩，直到下午三點才能看見個人影，不過那是些下了校車的孩子們在人行道上走動。如果她有個孫子來照看，來玩耍就好了。但那不可能，因為她的兒媳婦柳康妮正在念護士學校，不想在畢業前要孩子。

楚田下班時天已經黑了。風掀動著行人的頭髮和衣服，攪動著水窪，霓虹燈和路燈閃爍在泥水的表面上。路沿上的雪堆被汽車的廢氣染黑了，又開始上凍。楚田進入一家購物中心中地下室裡的超市，買了一只肥碩的茄子、一袋菠菜、一條偏口魚。他知道妻子躲避回家做飯，因為不管她做什麼婆婆總要抱怨，所以這些日子楚田下廚。有時候他媽主動幫忙，可是他不讓，擔心她做些康妮不能吃的東西。康妮對大部分豆製品過敏，特別是醬油和豆腐。

一回到家，楚田就進了廚房。他打算做菠菜湯，蒸茄子，炸魚。他剛挖出魚腮，母親就進來了。

「讓我來幫你一把。」她說。

「不用了。這很容易。」他笑笑，用大剪子剪著魚鰭和魚尾。

「你以前在家從不做飯。」她盯著兒子，眼睛放光。自從上星期來到這裡她就不停地數落他，說他太怕老婆。「連像康妮這樣的小女人都對付不了，你這一米八的漢子有啥用？」她常說。其實，他剛到一米七八。

楚田用指關節蹭蹭他的大鼻子。「媽，在美國老公和老婆都得做飯——誰有時間誰做。這些天康妮功課實在太多，我就多做些家務。這很正常。」

「不，才不呢。你從來不像這樣。要是她不能照顧你，當初爲啥要娶她？」

「你說起話來像個老古董。」他用紙巾拍拍那條扁魚，以防它在滾油中濺得太厲害。

她接著說：「你爸和我囑咐過你千萬別急著結婚，可你不聽，被她迷住了。我們以爲你跟她惹禍了，不得不娶她。看吧，你把自己陷了進去，成了裡裡外外一把手，啥都得幹。」

他沒回答，但他的長臉僵硬起來。他不喜歡她這樣談論他的妻子。實際上，他媽沒來之前，康妮總是早早就回家做晚飯。早晨她還給他包好午餐。不過這些日子，她吃完早飯就離開，直到晚上才回來。他倆都同意她儘量不在家單獨陪他媽，因爲老太太一有機會就對她訓話。

六點半左右妻子回來了。她把風雪大衣掛在壁櫥裡，走進廚房，對楚田說：「要我幫忙嗎？」

「我快幹完了。」

她親了一下他的脖梗兒，悄聲說：「多謝你做飯。」然後她從碗櫃裡拿出碗碟，擺到餐桌上。她瞧了一眼客廳，她婆婆梅芬正在那裡仰靠著沙發抽菸，看著新唐人電視播放的新聞，皺巴的手裡攥著遙控器。康妮和楚田跟她說了好多回不要在家裡吸菸，但老太太就是不聽。他們也不敢跟她硬碰硬。這才是她在這裡的第二週。想想看，她要待上半年呢！

「媽，過來吃飯。」康妮親切地說，桌子已經擺好了。

「來了。」梅芬關掉電視，站了起來，在當菸灰缸用的碟子裡蹭滅香菸。

一家人坐下來吃飯。兩個女人很少在餐桌上交談，於是楚田只好找話說。他提起公司裡人們在議論著解雇的事。他媽和妻子對這事不感興趣；也許他們認爲他的工作很穩定，因爲他有財會的學位。

他媽嘀咕說：「我不愛吃這魚。沒味，像雞蛋清一樣。」她常常抱怨這裡什麼吃起來都沒味道。

「得過好長一段時間你才能適應美國的食物。」楚田告訴她。「我來的頭一個星期沒法吃蔬菜，光吃香蕉和桔子。」那是很久以前了，整整十二年。

「對呀。」康妮同意。「我記得當初柿子椒吃起來像膠皮似的。我好納悶——」

「我是說這魚需要醬油，這湯也一樣。」梅芬打斷說。

「媽，康妮對那過敏。我跟你說過。」

「嬌慣。」梅芬嘟囔說。「櫥櫃裡有一瓶金蘭醬油，那是名牌產品，我就不明白它怎麼會損害什麼人的健康。」

康妮鴨蛋形的臉沉下來，兩眼瞪著老太太，然後轉向楚田。他說：「媽，你不明白。康妮有病——」

「當然我明白。我在中學教過化學。別把我當成無知的老太婆。咱們是知識份子家庭。」

「你說起話來像個老頑固。在美國大家都不把知識份子家庭當回事，大多數孩子都能上大學，如果他們想上。」

「她在暗示我家。」康妮插進來說，轉過去面對婆婆。「我父母的確都沒上過大學，但他們勤勞誠實。我爲他們自豪。」

「這就解釋了你爲什麼是不負責的媳婦。」梅芬說。

「你暗示我不配你兒子？」

「得了，讓咱們吃頓消停飯吧。」楚田央求道。

梅芬繼續對康妮說：「你一直不像話。我不明白你父母怎樣教育你的。也許他們太懶或太無知，啥也沒教你。」

「當心點兒——別說我父母的壞話！」

「在我兒子家裡我願說啥就說啥。你嫁給了楚田，卻不肯給他生孩子，不做飯，不做家務。你是哪門子的媳婦？更差勁的是，你還讓他洗你的衣服。」

「媽，」楚田又說：「我告訴過你康妮拿到學位後我們就要孩子。」

「相信我，她不會畢業的。她光想用你，給你一個又一個藉口。」

「我受不了了。」康妮站起來端著湯碗走了，上樓去主臥室。

楚田嘆了口氣，又被兩個女人的交火搞暈了。要是能使她們閉嘴就好了，但她倆都不讓步。他媽繼續說：「我告訴過你別跟曼淑斷了，可你不聽。看吧，你撿了個大礙盤背在身上。」曼淑是楚田原來的女友，他倆多年前就分手了，可是不知爲什麼那女人老去看望他在哈爾濱的父母。

「媽，別再提了。」他懇求說。

「你不願聽就別聽。」

「你成心要毀了我的婚姻嗎？」

梅芬終於住嘴了。楚田聽見妻子在樓上抽泣。他拿不定主意是留在餐桌旁還是去康妮那邊。如果他和母親在一起，康妮過後會責怪他。但如果他去康妮那裡，梅芬就會訓斥他，說他蠢，沒骨氣。她曾教導他：男子漢應當隨時能夠休掉老婆跟另一個女人結婚，但絕不能不要母親。用梅芬的話說：「你永遠可以信賴我，因爲你是我的骨肉，我絕對不會背叛你。」

楚田端起半滿的盤子，裡面盛著米飯、茄子、一大塊魚，去了廚房；他坐在一個蘑菇形的凳子上，繼續吃起來。要是在給他媽寫邀請信之前多想想就好了——沒有那封信她就拿不到簽證。老太太一定仍然心懷不滿——他和康妮拒絕了爲他的外甥出學費，那小子是他姊姊的兒子，渴望去多倫多上大學。這也許是梅芬要在這裡鬧一場的另一個原因。

自從母親來後，楚田和妻子睡在不同的房間。那天夜裡他待在書房裡，睡在一張折疊床上。他沒上樓去跟康妮說晚安，擔心她要求立刻把老太太打發回國。同樣，如果他和康妮睡在一起，梅芬第二天就會教訓他，說他必須注意健康，不要沉迷於房事。她的那套話他都聽膩味了：有些女人是吸血鬼，要把男人榨乾；這個世界完蛋了——如今越來越少年輕人願意做父母，全都在逃避責任；是資本主義腐蝕了人們的靈魂，使他們更貪婪，更自私。噢，她一說起來就沒完沒了！一想起她那些胡話，楚田就頭暈。

第二天早晨上班前，他給媽媽畫了張附近街道的草圖，勸她出去走走，這樣她就不會那麼寂寞了——實際上「瘋瘋癲癲」這個詞竄到嘴邊，但他沒說出口。她可能會喜歡市區的一些商店，可以用他剛給她的八十美元買點東西。「不要怕迷路。」他讓她放心。只要帶著他寫下的地址，她就能回來——會有人給她指路的。

在班上楚田喝了大量的咖啡以保持清醒。他頭皮發木；敲打數字時，眼睛疲倦，跳個不停。如果他每天能多睡兩三個小時該多好。自從他媽來到這裡，他就睡眠不足。他天不亮就醒來，想康妮溫暖光滑的皮膚和他們的大床，但他不敢進主臥室。他相信她不會讓他鑽進鴨絨被窩，不會讓他撫摸她。她經常藉口說如果他們一大早就做那事，她上課時腦袋就發麻，就不轉了。今天在班上，儘管一杯又一杯地喝咖啡，楚田還是不停地打哈欠，還得小心別迷糊過去。

上午十點左右，公司經理比爾．南吉走進這個寬大但低矮的房間，來到春茜．麥洛伊跟前——她的隔間就在楚田隔壁。「春茜，」比爾說：「來我的辦公室談談好嗎？」

當豐滿的春茜微微低著頭跟老闆離開時，所有的眼睛都轉向她。她一消失在門外，六、七個人在他們的隔間裡站了起來，有的咧嘴笑，有的搖頭。春茜人挺和藹，三十出頭，早在楚田之前就開始在這裡工作了。他喜歡她，雖然她太饒舌。有人警告她在班上要少開口，但她依舊說個不停。

幾分鐘後春茜出來了，撓著耳後，強作笑顏。「被開除了。」她告訴同事們，兩眼發紅，有點兒濕潤。她隨即消失在她的隔間裡，收拾自己的東西。

「眞不應該呀。」楚田對她說，把胳膊肘放在齊胸高的牆壁頂上，使得他的一個肩膀比另一個高。

「我就知道會發生這種事。」她咕噥說。「比爾說他可以讓我再幹一個星期，我才不幹呢。夠了。」

「別太難過。肯定好多人都得離開。」

「比爾說很多人要被解雇。」

「我猜下一個是我。」

「別咒自己，楚田。」

春茜把她的眼鏡盒放在咖啡杯旁。她沒有多少東西：幾張照片——她姪子、姪女和一隻叫戴菲的喜馬拉雅貓的，半包口香糖，一個袖珍髮刷，一只小粉盒，一本浪漫小說，一個小封口塑膠袋——裡面裝著橡皮筋、圓珠筆、便利貼、牙線、一支潤唇膏。楚田移開眼睛，彷彿她這些裝不滿一手提包的東西比她丟了工作更讓他不安。

春茜離開時，更多的人站起來，有的和她道別。「眞遺憾，春茜。」「保重。」「祝你好運。」「保持聯繫，春茜。」有些聲音實際上聽起來像鬆了口氣，甚至歡快。春茜同幾個人握了握手，朝其餘的人擺了擺手，不出聲地說著：「謝謝。」

她剛一出門，喬治就宣布：「好了，就這樣了。」彷彿向大家保證人人都安全。他的頭髮是橙色的，上班總是打領帶。

「我不這麼認爲。會有更多人被炒魷魚。」楚田悶聲悶氣地說。有人哈哈笑起來，好像楚田開了個玩笑。他自己沒笑，也沒再多說。他坐下來，敲敲鍵盤上的空白鍵，讓螢幕復活。

「噢，沒想到法拉盛是個這麼方便的地方，就像老家的大縣城。」那天傍晚母親對他說。她上午去了市區，逛得好開心。她在一個街角嘗了新疆牛肉串和羊肉串，在一家上海餐館吃了用瘦豬肉、蟹肉和韭黃做的小籠包。她還花了一美元二角買了一大袋綠豆粉絲。「眞便宜呀。」她說。「現在我相信了，中國最好的東西都在美國。」

楚田笑了，沒說話。他把她買的粉條放進水池下面的櫃裡，因爲康妮不能吃豆製品。他在爐灶上坐了一壺水，準備熬些大米粥當晚飯。

從那天起，梅芬白天常常出去，並向楚田彙報她的見聞。早晨上班前，他要問問他媽需要什麼，給她足夠的零花錢。梅芬開始認識人了。他們有的來自中國的東北，樂意跟她聊天，尤其是那些常下北方小飯館的人。那些地方賣餡餅、烤肉、香腸、蔥油餅、泡菜、木須、麵條、水餃。在一個小公園裡她遇見了幾個老太太用嬰兒車推著孫子孫女。她跟她們聊起來，發現其中一位在這裡住了十幾年，不打算回武漢了，因爲她的兒女和他們的孩子如今全在北美。梅芬告訴楚田，她多麼羡慕那些老太太，特別是那個有一對雙胞胎孫子的。如果她能過上她們那樣的日子該多好。

「你得有綠卡才能待到我孩子出生的那一天。」有一回楚田開玩笑地告訴他媽。

「你會給我辦張綠卡，對吧？」她問。

哦，這可不容易，他不願答應她。她在這裡還不到三個星期，可是他的家已經亂了套。他和康妮頭腦太簡單，竟然鼓勵她申請半年的簽證。他們應該讓她來住兩個月，或者更短。那樣，如果她實在讓人無法忍受，他們可以說沒法給她延簽證，她就得回去。現在，還得忍二十三週呀。真要命啊！

前幾天小倆口談起他們的處境，康妮說：「哎，今後幾個月全當我在服刑。半年後，等咱們那位王母娘娘走了，但願我能完整地活下來，咱倆也沒散夥。」她發出歇斯底里的笑聲，讓楚田心裡發毛；他再也不敢跟她開他們的困境的玩笑了。他只說：「對不起，實在對不起。」但是在妻子面前他從不說母親的壞話。

康妮在家裡的時間越來越少了，楚田常常猜想妻子下課後做些什麼。從外表判斷，她似乎挺自在，有意避免跟婆婆打交道。在某種程度上，楚田贊同她那麼做。康妮過去經常幫他做各種事情，十分體貼他，但老太太的出現改變了她。可是在這種情況下，誰不會變呢？他應當理解妻子。

一天傍晚，他正在收拾桌子，康妮在廚房裡洗碗，他媽說：「我今天碰到一個老鄉，我倆聊得好痛快。我請她明天吃晚飯。」

「你打算帶她去哪裡？」楚田問。

「這兒。我告訴她你會去接她。」

康妮聽到了他們的談話，就走了進來，拿著洗碗布，衝楚田笑笑。她顴骨高圓，臉頰粉紅，眼睛頑皮地眨著。楚田又被她年輕的面容打動。她是個美人，比他小六歲。他對母親沒事先跟他打招呼就請別人感到不快，但沒等他說話，康妮開了口：「媽，明天下大雪，楚田沒法開車。」

「我在電視上看見預報了，」梅芬說：「也就六、七寸，不要緊的。老家那邊大夥下雪也照樣騎車子。」

楚田告訴她：「這不是我能不能接你的朋友的事情，媽。你要請別人之前應該跟我說一聲。我一天到晚忙得要命，必須確保有空才行。」

「你啥都不用做。」梅芬說。「一切全由我來辦。明天我去買菜做飯。」

「媽，你不明白。這是我的家，你不該打亂我的日程。」

「你說什麼？不錯，這是你的家，可你是誰？你是我兒子，不是嗎？」

看見一個得意的笑容掠過妻子的臉，楚田問他媽：「你是說你擁有我和我的家？」

「我什麼時候沒擁有過你？你的家也應該是我的家，不對嗎？天呀，我從來沒想到我兒子這麼自私。他娶了媳婦就不要老娘了。」

「你不講道理。」他說。

「你沒心肝。」

「可笑！」他轉身大步走出飯廳。

康妮插嘴說：「媽，你想想──如果楚田明天有別的安排怎麼辦？」

「我說過，如果有事要做，他不必在家。再說了，他星期六不上班。」

「但他照樣得去接你的朋友。」

「那你呢？你不能去接嗎？」

「我還沒有駕照呢。」

「爲啥沒有？你不能把家裡的事全讓楚田來做。你得做你分內的事。」

康妮明白辯不出結果，把洗碗布扔到餐桌上，去客廳和楚田說話。

可是，楚田不願跟康妮談論請客的事，知道他媽在偷聽。梅芬已經六十四了，仍然耳聰目明。楚田對妻子做了個怪臉，嘆了口氣。「看來明天不請客也得請了。」

她點點頭。「我待在家裡幫你一把。」

雪斷斷續續下了一整天。街區的屋頂模糊了，失去了凌亂的原貌。雪使所有的樹冠和籬叢變得蓬蓬鬆鬆的，到處都顯得乾乾淨淨，甚至連空氣聞起來也更新鮮。卡車隆隆而過，發出嘀嘀的信號，一邊推雪一邊撒鹽。一幫孩子在斜坡上滑著扒犁，大聲歡呼，有的躺在扒犁上往下衝。另一夥則在打雪仗，拋雪球，殺聲陣陣。楚田透過窗子往外觀望，看得入神。他說服了母親不做很多道菜，說這裡食物豐富，吃魚吃肉都很平常。人們聚餐多半是爲了聊天和溫暖的氣氛。他媽同意包餃子，外加幾個冷盤。實際上，餃子的餡兒和麵都準備好了，但還沒開始包，因爲梅芬要讓朋友也搭手，以使氣氛多少像家庭歡聚。

接近傍晚，雪又下起來了。楚田開車去克羅納，去接名叫淑蘭的客人，他媽也同車前往，坐在前座上。暖氣開到了最大，雨刷忙著刮玻璃；即使這樣，玻璃外面處處結霜，裡面蒙上霧氣。一次又一次楚田用一副氈絨手套擦去玻璃上的水氣，但能見度並沒有多大改善。「明白了吧？」他對母親說。「這樣的天氣開車很危險。」

她沒回答，盯著前方，尖尖的臉僵硬得像是凍住了，下巴底下的皮肉垂成一嘟嚕。幸運的是淑蘭的住處很好找。那女人住在一幢難看的公寓樓裡，大約有十二層，窗戶窄窄的。他們到達時，她正在地板被踩禿了的門廳裡等他們。楚田覺得她看上去好面熟。隨即他認出了她——這個身穿深藍色大衣的削瘦女人是一家速食店的店員；那家無名小店在緬因街上，離地鐵站很近。午飯時間他見過她許多回，常去那地方買蔥油餅，或炒麵條，或包子。他清晰地記得在酷熱的夏日裡她頭戴白帽子，紅撲撲的臉上汗水流淌，忙著向過客賣小吃。那店不過是個單薄的披屋，任由熱浪和陣風吹打。冬天那屋裡不需要暖氣，因爲裡面做飯，鍋灶上總是熱氣騰騰，但夏天只有一個小風扇在頭頂上來回呼轉。沒有顧客時，店員都幫忙做小吃，所以那裡每個人都是廚子。每當楚田碰見這位中年的淑蘭，他就會想像她過著多麼艱難的生活。什麼樣的忍耐，什麼樣的犧牲構成了她個人的故事？多少回他被她那土氣卻充滿生命力的面孔打動，在那張臉上皺紋從鼻翼彎向嘴角。此時他更感動，渴望結識這位女同鄉。他很高興母親邀請了她。

「你女兒呢，淑蘭？」梅芬問，仍舊握著她朋友皸裂的手。

「她在樓上做學校的專案。」

「叫她下來。讓她跟咱們一塊去。女孩子太動腦筋會傷害臉蛋兒的。」

楚田說：「阿姨，請帶上她吧。」

「好吧，我馬上就回來。」淑蘭朝電梯走去。從背後看，她比站在櫃檯後面要矮小些。

楚田和梅芬在門廳裡唯一的長椅上坐下。她告訴兒子淑蘭的丈夫七年前來到美國，但一年後失蹤了。沒人知道他在哪兒，雖然傳聞他在休士頓經營一家禮品店，和一個年輕的女人同居。如今淑蘭已經不在乎丈夫不在身邊了。她覺得他只把她當成做飯和暖被窩的人，所以沒有他，日子照過。

「媽，你請她是對的。」楚田眞心地說。

梅芬微笑，沒說話。

幾分鐘後淑蘭和女兒下來了。細眺的女孩十五歲，有點兒貧血，戴著圓眼鏡，身穿肥大的方格厚外套。她看上去不高興，默默地鑽進車裡。楚田開動車時，提醒後座上的客人繫上安全帶。此時，雪下得輕了，但雪花仍圍著路燈旋轉，撲打著燈火明亮的窗子。一輛救護車嚎叫起來，它的閃光燈劃破黑暗。楚田停到路邊，讓那輛白麵包車過去，然後他繼續行駛。

楚田和康妮的家讓淑蘭很開眼界，她跟著梅芬參觀上下兩層和地下室。她聲調平板地反覆說：「這可是眞正的房產，離市區這麼近。」她女兒芹芹沒跟著大人上下樓，而是留在客廳裡彈弄鋼琴；那琴是一架史坦威，是清倉處理時楚田爲康妮買的。女孩來美國之前學過鋼琴，不過只會彈些簡單的曲子，比如〈聖誕鈴聲〉、〈洋基之歌〉、〈賣報歌〉，即使這些曲子聽起來猶猶豫豫，常脫節。她媽媽回來時叫她不要再用笨手指丟人現眼了，芹芹就不彈了。她坐到電視前，看一位著名的歷史學家講說烏克蘭的桔色革命，以及它對最後幾個共產主義國家的影響。很快四個大人就開始包餃子。家裡沒有擀麵杖，楚田就用啤酒瓶擀皮。他擀得很熟練，但供不上三個女人，所以康妮找到個細辣醬瓶子，時不時地幫他一把。梅芬爲沒有眞正的擀麵杖而不高興，抱怨說：「你倆過的啥日子！根本就沒打算安個像樣的家。」

康妮不回嘴，拿起個皮，放上餃餡兒，包起來。餡兒裡調有香油和五香粉，她也許對後者過敏，但沒敢吱聲。淑蘭說：「要是我住得離市區這麼近，我才不做飯呢，也用不著擀麵杖。」她一直微笑，門牙稍微支起上唇。

「你們店的鍋貼眞好吃。」楚田對她說，有意改變話題。

「是我拌的餡子。梅芬，下次過來時你得嘗嘗。味道眞的不錯。」

「我會的。」梅芬說。「你在老家時就會做那些小吃嗎？」

「咋可能呢？我在這兒學的。我們老闆過去是杭州一家旅館的廚師。」

「你在這兒一定吃了不少苦。」

「我不抱怨。這裡生活不輕鬆，多數人工作得太辛苦。」

楚田會心一笑，接著說：「我爸五十八歲時帶全工資退休。每天清早他拎上裝著一對金翅雀的籠子去松花江邊。國內老人活得挺自在。」

「不是所有的人。」他媽糾正說。「你爸享清福是因爲他年輕時就參加了革命。他應該享受養老金和公費醫療。」

「其實，」淑蘭說：「老家街坊裡多數人跟過去一樣窮。每兩個月我就得給父母寄錢。」

「他們沒有退休金嗎？」梅芬問。

「他們有，但我媽得了痛風和高血壓。我爸牙都掉光了，得鑲假牙。現在人們生不起病了。」

「確實。」楚田同意。「大多數人是窮人。」

廚房裡的水壺叫起來，該煮餃子了。康妮去坐上鍋，她走起路來齊腰的長髮輕輕擺動。「你有個漂亮的好媳婦。」淑蘭對梅芬說。「大姊，你眞有福氣。」

「你不知道她的脾氣有多孬。」

「媽，別再說了。」楚田央求她。

「看見了吧，淑蘭。」梅芬悄聲說：「我兒子老是和他媳婦擰在一起。小狐狸精知道怎樣迷住她的男人。」

「媽，這不公平。」她兒子說。

兩個女人都笑起來，轉身去洗手。

十分鐘後楚田走進客廳，叫芹芹過來吃飯。餐桌上除了熱氣騰騰的餃子還擺有熏鯖魚、烤鴨、黃瓜拌番茄沙拉、香辣竹筍。他們全都坐了下來——梅芬在桌首，楚田給淑蘭和媽媽斟上果酒。他和康妮還有芹芹喝啤酒。

兩個上年紀的女人繼續回憶她們認識的人。楚田有些驚奇，女孩大口地喝啤酒，好像那是軟飲料。隨即他想起來她在哈爾濱度過童年，當然能喝啤酒。他跟她說英語，問她在學校裡上什麼課。女孩似乎太內向，不願多透露情況，每個問題只回答上兩三個詞。她承認討厭星期天上中文學校，不得不抄寫還要記住漢字。

淑蘭提起一個叫「鱉王」的人，那人是哈爾濱郊區一家漁場的老闆。「噢，我認識他。」梅芬說。

「他過去每天開著大轎車去商場，但後來破產了。」

「出了啥事？」淑蘭問。

「他給小龍蝦餵藥，讓牠們長得又肥又大，而且活蹦亂跳的，但有幾個香港遊客食物中毒，把他告上了法庭。」

「他是個粗野人，不過很孝順，每年都要花上一大筆給他媽過生日。他現在在哪兒？」

「在牢裡。」梅芬說。

「明擺著，那是他該去的地方。前天我碰到一個剛從大陸出來的人。他說在老家不再吃街上的飯了，沒法斷定自己吃的是啥。聽說有人還造假蛋和假鹽。眞難相信啊。那得花多少勞力，咋能賺到錢？」

除了女孩，他們都笑起來。淑蘭往盤子裡的三只餃子上澆了勺醋，繼續說：「大家應該信耶穌基督。那會讓人規矩些，不像牲口。」

「你常去教堂嗎？」梅芬問，嚼著鴨翅膀。

「當然了，每個禮拜天都去。這讓我心裡安靜，有希望。我以前恨死我那口子了，現在不恨他了。上帝會替我收拾他。」

芹芹面無表情地聽著她媽說話，彷彿淑蘭在談論一個陌生人。梅芬說：「也許哪天我該去你們教堂看看。」

「歡迎你去。啥時候想過去，提前告訴我一聲。我會介紹你認識周兄弟，我們的牧師。他是眞正的君子。我從沒遇過心腸這麼好的人。他過去在成都市當醫生，現在有時候還給人看病。他治好了我的胃潰瘍。」

康妮吃著奶酪夾蔬菜的麵包，因爲餃子餡兒裡有醬油，她壓低了聲音問：「芹芹，有男朋友了嗎？」

沒等女孩回答，她媽插了進來，用筷子點著女兒。「我不讓她有。這麼早就找男朋友完全是浪費時間。她最好集中精力念書。」

芹芹用英語對康妮說：「看見了吧，我媽有多凶，她怕我變成像她年輕時候那樣的騷貨。」女孩的眼睛在黑鏡框箍著的鏡片後面閃亮。

康妮和楚田噗哧笑了，而兩位上了年紀的女人卻不知所云，好奇地看著他們。楚田告訴她倆：「芹芹眞逗。」

「還又叼又強。」她媽加上一句。

吃過晚飯，淑蘭沒喝茶就要離開。她說忘了給豆芽灑水，她們房間裡暖氣太熱，可能會讓剛長出來的嫩芽枯萎，那樣食品店就不收了。她們離開前，康妮給女孩一本書，向她保證：「這是非常有意思的小說。我剛讀完，你會喜歡的。」

楚田掃了一眼書名——《麥田捕手》。梅芬問：「寫的是什麼？」

「一個男孩離開學校，在紐約閒混。」康妮回答。

「那麼他退學了？」

「算是吧。」

「爲啥給芹芹這樣一本書？會有壞影響的。你想教她反抗淑蘭嗎？」

「這是本好書！」康妮沒好氣地說。

楚田對客人說：「咱們走吧。」

他們剛出家門，他就聽見母親對康妮吼道：「別對我裝學者！別在別人面前跟我頂嘴！」

「那本書你說得不對。」康妮還口說。

她們的爭吵擾亂了楚田的方寸，他知道他不在家時，他們還會吵下去。外面起風了，路面上結了冰。他慢慢地開著車。在每一個十字路口前他都把腳放在煞車板上，一旦紅燈亮了好能停住。芹芹在後面打著盹兒，她媽在前座上對楚田絮叨個沒完。她稱讚梅芬是有修養的女人，不擺架子。有這樣一位頭腦清晰又熱心腸的母親，楚田一定覺得很幸運，此外，他還有一個漂亮的、受過良好教育的媳婦。她的話使楚田牙根刺撓，他想讓她閉嘴，但忍住了沒說。他仍然同情這個女人。不知爲什麼，他無法從心裡趕走她站在櫃檯後面的身影——她滿臉流汗，目光下垂不敢看顧客，而她骨節粗壯的手不停地把小吃裝進泡沫盒裡。

他在公寓樓前放下淑蘭和芹芹，掉頭往回開。下了高速公路，正當他進入學院交點大道時，突然一輛警車從一條窄路衝出來，從側面滑向他。楚田猛地煞車，但兩個車頭砰一聲撞到一起；他的大眾車比那輛大福特輕多了，被拋到一邊，車尾搖擺了好幾次才停下來。楚田的頭碰到車門的玻璃上，耳朵嗡嗡作響，儘管他仍然神志清醒。

一個黑人警察跳出警車，匆忙趕過來。「喂，哥們兒，你沒事吧？」他喊著，敲敲楚田的前窗。

楚田推開車門，連連點頭。「我沒看見你。對不起，警官。」他爬了出來。

「對不起，哥們兒。」不知爲什麼那個身材有些四四方方的警察嘿嘿笑起來。「我撞了你。我煞不住車——這路太他媽的滑了。」

楚田轉到前面，看了看車頭。右前燈和轉向燈的玻璃罩都碎了，但所有的燈還亮著。一個橄欖球大小的癟擠彎了擋泥板。「哦，我該怎麼辦？」他自言自語地說。

警官齜牙一笑。「是我的錯。我的車滑到了街上。這樣行不行——我給你一百美元，你別向保險公司報告？」

楚田仔細看看警官的貓臉，意識到這傢伙實際上很焦急——也許他才上任。「行啊。」楚田說，儘管知道這筆錢可能不夠修車用。

「你是個好人。」警察從錢包裡抽出五張二十美元的票子。「一百，謝謝啦。」

楚田接過錢，進了車。當他開走時，警官喊了一嗓子：「上帝保佑你！」楚田仔細聽他的車，噪音比以前大了。但願沒留下內傷。不過，這是輛舊車，值不上一千美元。他不必太介意那個癟。

一進家門他就聽見母親叫喊：「是嗎？爲這所房子你花了多少錢？這是我兒子的家，你應當感激楚田讓你住在這裡。」

「這也是我的家。」康妮回敬說。「你是我們的客人，是來訪者。」

天啊，他們吵個沒完沒了！楚田衝進客廳，喊道：「你倆都給我閉嘴！」

但康妮轉向他，尖聲說：「告訴你媽咱倆共同擁有這所房子。」

那是眞的，但他媽也知道康妮沒爲它花一分錢。楚田加上她的名字作爲共同買主，是希望一旦他身遇不幸，妻子能保住這個家。

他媽對康妮吼叫：「不要臉，忘恩負義，暴發戶家裡出來的小人！」

「你不要貶低我爸！他掙的是乾淨錢。」是的，她父親在天津做舊家具生意，勉強維持。

「別鬧騰了，你倆都住嘴！」楚田又喊著。「我剛出了車禍。咱們的車壞了，被一個警察撞了。」

兩個女人仍然無動於衷。康妮對梅芬嚷叫：「看吧，我跟你說過要下大雪，可你太自私，就是不肯取消晚飯。你想讓你兒子去找死嗎？」

「全是我的錯，嗯？爲什麼你不學開車呢？這些年來你都做些啥？」

「我從沒見過這麼不講理的人。」

「我不知道誰像你這樣粗魯和不知羞恥。」

「他媽的，我剛出一場車禍！」楚田高喊。

妻子上下打量他一下。「瞧你好模好樣的。反正那是輛舊車。咱們最好面對眞正的問題：我沒法跟這個女人住在同一屋簷下。要是她不離開，我就離開，絕不再回來。」她闊步上樓去自己的房間了。

就在楚田尋思該不該跟康妮上樓去時，他媽發話了：「如果你還是我的兒子，就跟她離婚。她是個病秧子，嬌裡嬌氣，會給你生下病弱的孩子。」

「你也瘋了！」他咆哮道。

楚田大步離開，進了書房，關上門。他要在這裡待一夜，琢磨怎樣阻止妻子離開他。如果康妮眞地那樣做，他會發瘋的，他敢肯定。

星期一早晨，楚田走進比爾．南吉的辦公室。面對坐下來的楚田，經理看上去很納悶兒。「嗯，楚田，有什麼事兒嗎？」比爾和藹地問。他的大手在冒熱氣的咖啡杯上方揮動幾下，那是祕書傑姬剛送來的。看到楚田情緒還好，比爾紅潤的臉膛兒放鬆下來。

楚田說：「我知道咱們公司在解雇人。你能讓我走嗎，像春茜．麥洛伊那樣？」他直視著老闆的臉。

「你是說你找到別的工作了？」

「沒有。事實上，如果你能爲我寫封好的推薦信，我會很感激。不久我就得開始找工作。」

「那你爲什麼要離開我們？」

「是家庭原因。」

「喔，我怎麼說呢，楚田？你在這裡幹得很出色，但如果你要這麼做，我們可以讓你離開。要知道，你不在我們打算辭退的那些人中。我們會多付你一個月的工資，希望在你找到別的工作之前這筆錢能幫你一把。」

「多謝。」

楚田喜歡他的工作，但對這家公司並不留戀。他確信自己能找到類似的工作，雖然可能不會比現在掙得多。然而這是他必須邁出的一步。中午之前傑姬把一封推薦信放在楚田的桌子上，附帶著老闆寫的明信片——祝他好運。

楚田要悄悄離開，不引起任何人注意。他不願跟別人談這件事，怕不得不解釋爲什麼辭職。他和同事們在休息室裡吃了午飯，嚼了些炸薯片，彷彿他午後仍要繼續幹活兒。但午休結束前，他拎著鼓鼓囊囊的手提包，沒跟任何人道別就走掉了。

他沒直接回家，而是去了一家ＫＴＶ。在那裡喝了幾杯——一杯清啤酒，一杯馬丁尼，一杯加冰的黑麥威士忌。一個抹著濃妝、染著金髮的年輕女人把屁股滑到楚田身邊的高腳凳上。他給她要了杯代基里酒，但沒心思跟她交談。對面兩個男人在談論著本山大叔——中國最受歡迎的喜劇演員；他要來紐約了，但他的戲票對當地僑民來說太貴了，結果，主辦人到處打電話爲他招徠觀眾。那個女人把手放在楚田的胳膊上，建議他倆在一個私人房間裡待一會兒，那樣她能讓他開開心，但楚田拒絕了，說得出席一個會議。

隨後，他在市區逛了一會兒，又去了洗腳店，洗了並刮了腳。直到街上更嘈雜，天空暗成靛藍色，他才回家。不過今天他沒買菜，而是直接上了床，把鴨絨被拉到下巴。他媽進來問他晚飯想吃什麼，他只嘟囔一聲：「隨便。」

「你病了？」老太太摸摸他的額頭。

「讓我自個兒待會兒。」他呻吟說。

「你燒得厲害。出了啥事?」

他沒回答，用被子蒙住了頭。他想一連睡上幾天。他為自己難過，討厭所有的事情。

六點左右妻子回來了。兩個女人在客廳裡嘀咕起來。楚田聽見他媽說:「喝醉了」、「脾氣好大」、「糟了」。接著老太太拖著哭腔說:「一定出事了。他好像丟了魂兒。」

過了一會兒康妮來到屋裡，拍拍他的胸膛。他慢慢坐起來。「出了什麼事?」她問。

「我被解雇了。」

「什麼?他們事先也沒打個招呼?」

「沒有。他們一直在發辭退書。」

「但他們也該給你個警告什麼的，對不?」

「得了，這是美國。天天都有人丟工作。」

「你打算怎麼辦?」

「不知道。我太累了。」

他們又談了一會兒。然後他下了床，兩人一道去客廳見梅芬。聽到這個壞消息，他媽哭起來，而他則靠在沙發上，面無表情。老太太問:「這樣你就再沒工作了?」他沒回答，做出一副苦相。老人接著說：「這是什麼意思？從現在起你就沒有收入了？」

「沒了。我們可能會失去房子、車、電視機，所有一切。我也許弄不到錢給你買回家的機票了。」

他媽拖著兩腿去了洗手間，抹著眼淚。康妮觀察他，似乎不太相信。隨後她笑了，露出細小整齊的牙齒。她輕聲問：「你覺得我應該找工作嗎？」

「是的。」他悄聲說。「但我暫時不該工作。明白我的意思嗎？」他朝康妮眨眨眼，細小的皺紋從眼角散開。

她點點頭，然後去廚房做飯了。那天晚上她在飯桌上對婆婆十分客氣，不斷地嘆氣，說這場災禍可能毀掉他們的生活。要是她和楚田誰都不能很快找到工作，他們就得申請第十一款的破產。

梅芬又驚又嚇，吃不下東西。晚飯後他們沒離開餐桌。康妮沏了茶，他們接著談下去。楚田抱怨他不能做好工作是因為妻子和母親一天到晚光吵架。這是災禍的根源，使他疲憊不堪，集中不了精力做任何事情。事實上，他感覺到這場災禍快要降臨，跟她倆提了好幾回，但她們毫不關心。

「你能找到別的工作嗎？」他媽問。

「哪那麼容易。紐約的會計師比貓狗還多——這是世界金融中心。也許康妮能在我之前找到工作。」

「培訓結束前不行。」妻子說，面無表情。

「求你了，就當幫我一把。」梅芬說。

「不，我得先念完護校。我還有兩個月。」

「你就讓這個家垮呀，都不願動動手指頭幫一下？」婆婆問。

「別這樣質問我。自從你來了，你就一直禍害這個家。」康妮掃了楚田一眼，丈夫沒有表示。她繼續說：「現在他的事業走進死胡同了。除了你自己還能怪誰？」

「是真的嗎，田兒？」他媽問。「我是說，你的事業眞地完蛋了？」

「差不多吧。我得考慮怎樣重新開始。」

梅芬深深嘆了一口氣。「我跟你姊說過我不該來美國，可她太貪心，非要我說服你們資助她兒子去加拿大上大學不可。她甚至把她兒子的名字都改成姓楚，這樣在證件上他看起來就像是你的孩子。現在全完了。明早我就給她和你爸打電話，告訴他們我得回去。」

康妮仔細地看看楚田的臉，他仍然表情僵硬。楚田站起來，說：「我累得要死。」他離開去了書房。

梅芬雙手捧住康妮的手，請求說：「就幫他渡過這一關吧！你不愛他嗎？相信我，如果你幫他重新起步，他會做任何事情來讓你幸福。康妮，你是我的好兒媳婦。就救一救你的家吧！」

「哦，我不能許諾。我沒找過工作。」

楚田笑了，搖搖頭，他在書房裡偷聽她們交談。他清楚妻子知道怎樣抓住這個機會把他媽送回家。

整整一星期楚田待在家裡，而康妮則到處打電話，還出去找工作。她有好幾個面試。她已經是稱職的護士，所以並不難找到工作。到了下個星期三，曼哈頓的一家醫院給了她一份收入很高的工作，加帶各種福利；她說服了經理讓她推遲一週上班。她把錄用信給丈夫和婆婆看了。「哎呀，」楚田說：「我永遠也無法比你掙得多。」

梅芬看了看那張紙。雖然一個字也不認識，但她看見了那個「三十二元」的數字。她驚訝地問：「康妮，是不是他們每小時付你三十二美元？」

「是的，但我拿不準該不該接受這個工作。」

「你不想救救這個家嗎？」

「這座房子對我來說已經不像家了。」

「你丈夫在水深火熱之中，而你卻這麼冷酷無情？」

「你逼得我，而且楚田總是站在你一邊。所以這房子不再是我的家了。讓銀行收回去算了——我才不在乎呢。」

楚田沒說什麼，只注視著米色的牆，牆上掛著一幅點綴著漁船和飛鶴的、雲霧濛濛的山水畫。他媽又開始抽泣。他嘆了口氣，看了妻子一眼，知道康妮已經接受了那份工作。「媽，」他說：「你來得不是時候。你看見了，我無法再讓你在這裡生活得舒適。如果情況不好轉，誰知道會發生什麼事？我可能臥軌，或跳樓，或開車衝進大海。」

「千萬別這樣想！你倆必須攜起手來度過這場災難。」

「經歷了這些後，我沒信心了。這次打擊毀了我，我也許恢復不了啦。」

「兒子，振作起來，拚它一場。」

「我太沮喪了，對啥都提不起神來。」

康妮插嘴說：「媽，這樣好不好？下星期你回國，讓楚田和我集中精力渡過難關。」

「這麼說我使你們分心了，嗯？」

「是呀，媽。」楚田說。「你倆吵呀吵呀吵呀，我眞受不了啦。我腦子不轉了，沒法做好工作。」

「那好，我下星期就回去，不再給你們添麻煩，但你們得給我些錢。我不能空手回去，鄰居會笑話的。」說話時梅芬嘴唇顫抖著，嘴也癟了下去，好像沒了牙。

「我給你兩千美元。」康妮說。「等我開始工作，我還會給你寄。別擔心給親戚朋友的禮物。我們會爲你買些小件的首飾和幾包花旗參。」

「加上一磅冬蟲夏草怎麼樣？那對你公公的腎病有好處。」

「那要五千美元啊！你在國內買要比這裡便宜得多。這樣吧——我給你買五磅海參，日本產的。那也會對我公公的健康有好處。」

「咳，好吧。人窮志就短。」

梅芬雖然同意了，但並不情願——海參最多四百美元一磅。可是兒子的處境嚇壞了她。如果他宣布破產，她從小倆口身上就可能什麼也得不到，還是最好拿著錢離開。更糟糕的是，她看得清楚要是在這個關口康妮甩了楚田，兒子就可能精神失常。梅芬以前經常向鄰居和朋友們誇耀楚田是成功的典範。她從未想到他的生活這麼脆弱，僅僅一天就變得粉碎。難怪人們總是說在美國壓力太大，沒有安全感。

康妮爽快地說：「媽，送你上飛機前我不會接受那個工作。這段時間我得幫助楚田重新開始。」

「多謝了。」梅芬說。

那天夜裡康妮讓楚田和她一塊睡在主臥室裡，但他不幹，說從現在起他們不該再刺激他媽了。他很難過，又怕梅芬改變主意。他記得十六年前參加高考時，父母撐著一把傘站在雨中等他，手裡拎著飯盒、汽水和用手帕包著的桔子。他倆各自濕了半個肩膀。一股感激之情差點使他湧出淚水。要是他再能對他們無話不說該多好。

恥辱

我在法拉盛找到夏季的工作後不久，一天傍晚接到一個電話。聽到孟教授的聲音，我很興奮；他隨一個教育代表團來訪問幾所美國大學。他曾經教過我，是我的母校南京大學的美國學專家。他翻譯過一本傑克．倫敦的短篇小說集，在國內文壇算是有點兒名聲。

「你住在哪兒，孟教授？」我問。

「在這裡的中國領事館。」

「我能過去看你嗎？」

「今晚不行呀——有個聚會我得去。不過我會在這裡待幾天。咱們明天見面可以嗎？」

我同意第二天下午去看他。據他說，紐約這一站後，他們代表團將去波士頓，然後去芝加哥和明尼亞波利斯。我在一九八五年跟孟教授修過美國猶太小說，他只教過我一學期。他並不是傑出的老師——說話四平八穩，偶爾含混不清——但他的記憶力卻超乎尋常，他能提供大量的有關作者和作品的資訊。有些書我懷疑他也沒讀過，因爲當時在中國還找不到那些書。他那時五十出頭，但身子修長靈活，乒乓球打得很漂亮。他經常開我的玩笑，說我已經小四十了，儘管我才二十五歲。那段時間我的確挺老相，可能是因爲目光憂鬱，加上每天上午都頭痛得厲害。不過我不在乎孟先生的玩笑。在某種程度上他比別的老師對我要好些。

第二天上午，天氣陰沉悶熱，整個紐約市彷彿是在一個大澡堂裡。跟平時一樣，阿敏和我開著貨車運送布料。我們先在布魯克林的第九街上的衣廠停下，扔下去幾捆布。然後我們開進曼哈頓下城，把其餘的布料卸到毛特街上的一家大些的工廠裡。它的車間在三樓，那裡很嘈雜，縫紉機嗡嗡地哼叫著，燙衣熨斗砰砰作響。地板上扔著邊角廢布，一垛垛外套衣料堆在牆邊。縫紉工和精整工全是女的，有的雖然兩手在忙活著，頭上卻戴著耳機。卸車挺容易，但完後我倆得把一些成衣送到服裝店去。我們必須小心地裝運西服和套裙，別擠著、壓著或弄髒了。一個臉色蒼白的瘦小的傢伙幫助我們裝車。我們先一起用大塑膠袋把成衣一件一件地套起來，再把它們掛到帶輪子的架子上。然後，我們把架子拽上電梯，下到一樓去，那裡的地板離地面有五英尺高。阿敏將貨車後退，直到接近電梯的平臺，我搭上兩塊跳板，這樣我們就可以把衣架拖進車裡。整個過程又慢又費勁；每回幾乎花上兩個小時。我們必須小心，如果損壞了成品，我們老闆——一位從香港來的中年人——就會責怪我們，好在他從沒扣過我們的工資。

那天早上出發前，我跟老闆打過招呼，他同意我下午休息。兩點左右我們把最後一批西裝送到五大道上的一家男裝店裡，回去的路上阿敏在聯合廣場停住，讓我下車。這傢伙兩眼惺忪，老像睡不醒似的，但滿友好，經常逗我，可能因爲我是臨時工，至今不敢在曼哈頓開車，還有，不等暑假結束我就會回威斯康辛。的確，我來紐約主要是爲了掙點錢，並體驗一下這個城市。我的碩士論文的導師弗利曼教授說如果我想要瞭解美國，就必須去紐約看看。

我出地鐵站時，已經下起了毛毛雨。我沿著四十二街疾步朝哈德遜河走去，後悔沒帶上把傘。細雨中霓虹燈朦朦朧朧，像裸露的肢體在燃燒。它們比在晴天白日裡更誘人，彷彿在向行人招搖，但我得快趕路，以免被淋透了。七、八分鐘後我進入中國領事館的門廊，那裡已經有十來個人在避雨。接待室裡坐著一位老頭兒，臉腮稍腫，瞇縫著小眼睛在讀海外版的《人民日報》。我告訴他我老師的姓名和我來訪的目的。他抓起電話，撥了一個號碼。

不一會兒孟先生就下樓來了。他看上去和三年前一樣。我們握了握手，接著，儘管我身上濕乎乎的，我倆擁抱到一起。他見到我很高興，準備領我進入領事館。

「等等，停下！」那老頭兒透過接待室的窗子喊了一聲。「你不能進去。」

我掏出我的褐紅色護照，翻開，給他看我的相片。我說：「你瞧，我不是老外。」

「老中老外都一樣，你不能進去。」

我的老師說：「我住在這裡。同志，就讓我們進去吧。他是我的學生，我倆三年多沒見面了。」

「咱們得照章辦事——來訪者不准進樓裡。」

火氣衝了上我的腦門。剛才我看見一個年輕女人朝這個老傢伙點點頭就進去了，那人明顯是來訪者。我問他：「這座樓不屬於中華人民共和國嗎？作爲公民，我無權進入中國的領地嗎？」

「沒有，你根本沒有權利。別在這兒跟我耍貧嘴。你這樣油嘴滑舌的主兒我見過多了。」他混濁的眼睛亮了一下。

「你讓我爲持這個護照而感到羞恥。」我狠狠地回敬了一句。

「那就拿一個帶大鷹的藍色護照嘛——好像你能似的。」

孟先生又說：「我們不上樓去。前廳裡有些椅子，我們可不可以在那裡坐一兩個小時？保證不出你的視線。」

「不行，你們不能進去。」

門廊裡此時已經擠滿了人，我倆無法交談，所以儘管外面下著雨，還是出去了。我們穿過十二大道，觀望了一會兒陳列在哈德遜河上的「無畏號」航空母艦，然後拐進四十四街。那條街上有片建築工地，一對移動廁所立在一個角落裡。我們在附近找到一家車廂式飯館，那裡供應義大利餐點。孟先生要了帶肉丸子的炸醬麵，我則點了辣硬香腸比薩餅。他承認從未嘗過義大利麵條，雖然讀美國的小說時他曾見過「通心粉」、「乾製粉」、「線粉」和「扁粉」之類的詞，知道那些都是義大利麵條。我很高興他喜歡他點的麵，尤其是其中的番茄和外加的帕爾馬乾酪；對那些東西我的胃腸都還沒適應。他告訴我：「這飯既實惠又健康。我能嘗出橄欖油和羅勒的味道。」不過我無法分享他的熱情，平時仍吃中餐。

他繼續說：「紐約眞富有，連空氣都肥肥的。」他舉起海尼根啤酒，喝了一大口。

我們聊起來，主要是談我的幾位最近離開了中國的同學。接著他問我：「你在這裡每月掙多少錢？」他的大鼻子抽搐了一下，笑容湧上他的窄臉。

「他們按鐘點付工錢，我每小時掙五美元四十分。」

他低頭算了算。然後他抬起眼睛說：「哇，你比我在國內多掙二十倍。不出幾年你就會富得流油。」

我默默地笑笑。他沒考慮我在這裡花銷也大，還要付稅。他很難想像我工作得多麼辛苦。一個戴著桔紅色圍裙的碩壯的女服務員過來遞給我們甜食單。我提議兩人都來一份焦糖奶油乾酪餅，他也贊同。我喜歡甜食，對我來說這是美國食品中最好的部分。他小口地喝著咖啡，嘆了聲氣。「洪帆，要是能像你一樣，我什麼都可以放棄。」

「我只是個學生。你怎麼能這麼說呢？」

「但你在美國讀研究生，有朝一日將成為眞正的學者，不像我們這代人，在發展成形的年頭都被政治運動給毀掉了。我們才眞正是垮掉的一代呢。」

「但你已經是教授了。」

「那只是個名稱而已。我有什麼成就？根本沒有值得一提的。多少年都荒廢了，這種損失是無法彌補的。」

我想起他翻譯的傑克．倫敦的故事，那本書是值得尊敬的成就，但我沒提它。在某種程度上，我有些感動；母校的老師中很少有人會像他這樣實實在在地對學生說話。乾酪餅上來後，他問我願不願意陪他去哥倫比亞大學見娜塔莉．西蒙教授。我不太情願，怕又丟掉一下午的工時，但知道西蒙是治現代美國文學的著名學者，我就同意陪他去。我覺得能夠再一次得到老闆的許可。

吃完飯後，我把孟先生送回到領事館，保證第二天一點半再跟他見面。雨停了，雲彩開始消散，但空氣依然悶熱，彷彿能摩擦你的皮膚。目送他進入那座前門之後，我轉身走向地鐵站。

令人欣慰的是老闆爽快地讓我再休一下午，說他女兒是哥倫比亞大學中的巴納德學院的畢業生，所以他讚賞我陪老師去訪問那所學校。這些日子老闆心情舒暢，因為女兒剛通過律師資格考試。我在領事館外面見到孟先生時，他拎著一只背包式手提包。我想該不該接過來，但決定不那麼做，怕裡面裝有貴重的東西。我們乘三號地鐵去曼哈頓上城。

哥大英文系很好找，西蒙教授的辦公室開著門。她熱情地接待了我們，讓我們在屋裡唯一的沙發上坐下；窗戶又高又大，但屋內仍有點兒昏暗。她抱歉地揮揮手說：「對不起，這裡亂糟糟的。」

她比我預想的要年輕，還不到四十歲，身材高眺，兩眼炯炯，但她滿臉雀斑，甚至胳膊上淨是斑點。孟先生英語流利，雖然他最初學的是俄語，直到六十年代初中蘇反目時他才轉學英語。他開始對西蒙教授談起一部書目，其中準備收錄所有已經翻譯成漢語的美國文學作品，這是個國家的專案，由他負責。我默默地聽著。「另外，」他說：「我們在寫一部美國文學史，是大學課本。我會寫兩章。」

「那太棒了。」她說。「我要是懂漢語就好了。看看中國學者怎樣評論我們的文學，一定會很有趣。」

我知道六、七位教授在做那本書，他們不過是重複官方的論點和闡釋，把一些小說和戲劇簡述一番，拼成一本大雜燴。西蒙教授最好別懂漢語，不然一定會掃興。她從寫字臺上拿起兩本書，都是精裝的，把它們放在我們面前的咖啡桌上。「這是我最近出版的書。」她說。「希望你會喜歡。」上面的那本名叫《現代美國小說中的地貌景觀》，但底下那本我看不清名字。

孟先生摸摸書。「能給我簽上名嗎？」他問她。

「已經簽了。」

「這些書很珍貴。謝謝。」

讓我驚異的是他從手提包裡拿出一個棕色的綢面盒子，遞給西蒙教授。他說：「這是一點兒小意思。」

她高興地打開盒子。一副人造象牙麻將出現了，在日光燈下清晰晶亮。「噢，這好極了。」儘管那麼說，她好像困惑不解，下巴低垂，彷彿嘴裡含著什麼東西嚥不下去。

「你會打麻將嗎？」孟先生問。

「我不會，但我婆婆和她的朋友們經常打。她退休了，這個送她正好。」

我看著孟老師把那兩本書放進包裡，一股酸溜溜的味道滲進我口中。他卻舉止自然，好像他倆是老朋友。其實，他們以前只見過一面。

我們沒有久坐，因爲西蒙教授三點鐘有課。她說如果明年春季能加入美國的代表團，她就會愉快地重訪南京。

走出那幢前門立有巨大圓柱的樓房，我半開玩笑地對孟先生說：「這回來訪你帶了多少副麻將啊？」

「六副，不過我也帶了一些檀香扇。我只給重要的人送一副麻將。」

他的語氣十分認眞，叫我不知道怎樣說下去。他沒有聽反話的耳朵，不明白我對他跟娜塔莉・西蒙交換的禮物好難爲情——差別太大了。在去校園前門的路上我沉默不語。他知道怎樣回領事館，說身上有張地圖，天氣又這麼宜人，他要「遛遛腿」，於是我們就道了別，我自個兒下臺階進入地鐵站。

六月一晃就過去了。白天我運送布料和成衣，夜裡研讀愛德華．薩依德的《東方主義》。我以爲孟先生隨代表團去波士頓了。也許他已經在中西部。但一天晚上，我意外地接到了他的電話。

「你在哪裡？」我問。

「還在紐約。」傳來他柔和的聲音。

「你是說你沒有隨他們離開？」我震驚地明白過來他脫離了代表團。

「對。我不想那麼快就回去。」他平靜地說。

我愣愣無語，好一會兒才緩過神來。我說：「孟先生，到了您那樣的年紀，在這裡生存很困難。」

「我清楚。我愛人病了，我們需要錢來給她買藥和送她住院。在國內我永遠也掙不出那樣的錢，所以我決定留下來。」

我弄不清他是否說的是實話，但他太太確實身體不好。我說：「你可能再也無法回家了。」

「我不在乎。人應該活得像鳥一樣，不被人爲的樊籬所束縛。我死後埋在哪裡都沒關係。我給你打電話是想求你收留我幾天。」

我明白給他提供住處可能把我捲進他潛逃的案子中，但他曾是我的老師，我有義務幫助他。「好吧，歡迎你來。」我說。

我給了他地址，告訴他怎樣來這裡。要跟別人同用我的小公寓讓我覺得不舒服，我希望孟先生只是在這裡落一下腳。兩小時後，他拖著一只大旅行箱來了，還帶著那個手提包。由於他沒吃晚飯，我給他下了包速食麵，加進兩條雞腿，兩個雞蛋，一把香菜。他非常喜歡這麵條，說這是離開家以來所吃的最好的一頓飯。「比宴會上的洋飯好吃多了。」他告訴我。我問他這些日子待在哪裡，他說跟一位朋友住在布朗克斯區，但那人要離開去紐約上州，去一家賭場工作，所以孟先生得另找住處。

在某種程度上我佩服他這麼冷靜，雖然他的圓眼睛光焰灼灼。我要是在他的處境，準會發瘋。而他是過來的人，被苦難的生活磨練得堅強，尤其是在鄉下的養雞場幹了七年。他吃完飯就已經十點半了。我倆坐在搖晃的餐桌旁聊起來，喝著茉莉花茶，抽著新港香菸。我們侃得好痛快，直到兩點才決定上床睡覺。我要他用我的床，那不過是一個放在地板上的墊子，可他非要睡在沙發上。

我倆都認爲他目前應當低調行事，以免領事館跟蹤上他。他白天不該出去，所以每天早晨我出門上班時就把他鎖在家裡。我總給他備足吃的喝的，晚上我回來之前，他一般爲我倆把飯做好。他好像十分耐心，情緒還好。除了食品，我還帶回來中文報紙和雜誌。他每頁必讀，說從來沒想到這裡的新聞跟中國大陸的新聞差別這麼大。有些文章披露了中國政界的祕密，還對歷史事件作不同的闡釋；晚飯時孟先生常常興奮地對我講起剛讀到的東西。有時候我太累了，聽不進去，但我從不給他的興頭潑冷水。

一天傍晚，在回家的路上我看見一個幾乎沒用過的床墊，扔在人行道上。孟先生和我一起去把它抬了回來。從那天起他就睡在我屋裡的另一張床上。他夜裡常常亂叫，作噩夢。有一回他把我吵醒了，不停地喊：「我要報仇！我在省委裡有人，我的朋友們都是廳級以上的。我們將要剷除你和你的爪牙！」

儘管有那種干擾，我還是高興他住在這裡——他的出現減輕了我的孤獨。

兩週後我們開始談論他該做什麼。我已經不再把他鎖在家裡了，他經常出去走動。至今，領事館對他的失蹤閉口不提，也沒有任何報紙報導過。這可不是好徵兆，這種緘默讓我們不安，所以我覺得他應該繼續躲藏下去。但是他急著要掙出自己的吃住。我勸他再藏一週，可他不聽，說：「咱們已經人在美國，不必老是生活在恐懼中。」

我倆都認爲他不該申請政治避難；那是最後一條路，一旦走上去就可能無法再踏上祖國的土地了。他最好先在這裡當個非法居留者待下來，掙些錢。等潛逃這件事平息下來，他再設法改變自己的身分——有了足夠的錢，他就可以雇律師來辦這個案子。很快他開始在法拉盛找工作，那裡在八十年代末還不是繁華的城市；房子不很貴，各種生意剛開始進來。由於會說英語，他找工作並不難。皇后區植物園附近的一家餐館要雇他做服務員，但他求那個名叫馬克·錢的經理讓他開始先洗盤子，說他沒有在餐館裡的工作經驗。馬克也是這家生意的業主之一，就同意了孟先生的請求。孟眞正的動機是洗盤子的通常待在廚房裡，可以躲開眾人的耳目。第二天他就開始在熊貓苑上班，每小時掙四．六美元。他很高興，雖然夜裡十一點鐘左右回來時，常常抱怨累得筋疲力盡。

他有能力，老闆和工友們都喜歡他。我偶爾去那家餐館吃碗麵或炒米飯，但從不在那裡吃正餐。我常去那裡主要是看看孟先生。令我不安的是那些員工都稱他「教授」。他太大意，不該把自己過去的身分透露給工友，不過對這事我沒說什麼。他看上去挺放鬆，儘管一天到晚洗盤子。他告訴我他一直在觀察別人怎樣侍候顧客用餐，斷定那活兒他輕易地就能做。一兩個月後他會換工作，不是在這裡當服務員就是跳到另一家餐館去。

一個星期天下午，我和工友阿敏一起去熊貓苑吃碗餛飩。我倆正吃著，兩個十七八歲的白人女孩開進了停車場，然後朝前門走來。身腰如桶的、也是業主的梅玲疾步趕過去，劈臉就說：「你們不能在這裡用餐，別沒完沒了的。」

女孩們在門道那邊停住，其中一位穿著天藍色的沙龍裙和乳罩，戴著大圈耳環和鏡面太陽鏡，另一位也身著沙龍裙和乳罩，不過全是黃的。兩人都嚼著口香糖。「爲什麼呢？我們有錢。」一身藍裝、個子挺高的那位說，笑咪咪的，露出一口完美的牙齒。

另一位也咧開塗紅的嘴唇笑了，翻動著畫了黑圈的眼睛。她說：「我倆太喜歡你們的炸茄子條啦。唔，好吃極了！你們的餃子也很香。」

「走開。我們不侍候你。」梅玲說。除非發起火來，她英語一般說得吞吞吐吐。

「這是美國，你不能趕走顧客，明白嗎？」那個矮些的女孩繼續說。

「你們不是我們的顧客。你倆上次不付錢。我跟著你們到院子裡，你們看見我了，可還是開車跑了。」

「你怎麼敢肯定是我們？」

「滾出去，小偷！」

「別這麼不講理，華女。」高個的那位說，笑嘻嘻的，舌頭舔舔下唇。「你怎麼能證明我們沒付錢？你咬錯人了。」

「你別罵我是狗！滾開！」女掌櫃的揚揚手，手腕上的玉鐲嘩啦作響。

穿黃裙的女孩說：「你不能這樣賴我們。瞧，我有錢。」她掏出一疊單元的和五元的鈔票，在梅玲鼻子前晃了晃。

女掌櫃的臉都氣紫了，警告說：「你們要是不趕緊走開，我就叫警察。」

「噢是嗎？」個子高的女孩問。「我們倒是需要警察。你沒有任何證據就侮蔑我們。你知道在美國這意味著是什麼嗎？這叫誣陷，是犯罪。我們要告你。」

「對，我們要把你告得一個子兒都不剩。」穿黃裙的那位加上一句。

梅玲好像有點兒蒙了，但孟先生緩步上前，兩手握在背後。他語氣平穩地對兩位說：「小姐，你們不能再欺負我們了。請離開。」

「上帝啊，餓死我了！為什麼我們就不能吃一點點東西呢？」矮個穿黃裙的那位堅持說。

梅玲高嚷：「滾出去，你們這些強盜！我們才不侍候你呢。」

「你怎麼敢這樣稱呼我們？」

「你倆就是強盜。你們搶奪我們的東西。不是強盜是什麼？你們要想在這裡用餐，先把那三十七美元交出來。」

「得了吧。我說過你認錯人了。」高個的女孩裝出一副笑臉。「你見過這副太陽鏡嗎？」

「沒有，可我記得你的耳環。」

「算了吧。好多女人都戴這種耳環。你花十八塊就能在梅西女裝店買一對。」

孟先生又說：「我們做了紀錄——你的車牌號碼是八九五　ＮＴＹ，對吧？」

「對。」梅玲接過話。「要是你不快走，我就給史蒂夫警官打電話，今晚你就見不到你媽了。」

兩個女孩都倒吸了口冷氣。我坐在一邊觀看，差點笑出聲來，但忍住了沒出動靜。穿黃裙的那位抓住同伴的胳膊肘，她說：「走，咱們離開這裡。簡直瘋了。」

她倆出去了，腳踏高跟鞋，跌跌撞撞地奔向那輛鮮紅的跑車，她們的錢包呼扇著。他們的車開走時，阿敏和我都站起來觀看車牌，上面的號碼和孟先生說的一樣。

「太絕了！」我的工友喊道。

「哇，了不起。」我對老師說。

梅玲的丈夫馬克．錢目睹了剛才的交鋒，但從頭到尾插不上一句話。此刻他不斷地對孟先生說：「你記住了她們的車牌號碼，嘖嘖嘖。你打死我，我也記不住。」

後來孟先生私下告訴我，當梅玲跟女孩們爭吵時他溜了出去看了看她們的車牌。一聽這話我大笑起來。他是個聰明人，處世精明。

他的心計讓老闆刮目相看。馬克在曼哈頓上城新開了一家餐館，就請孟先生做經理，但他不幹，說自己太老了，幹不動那個活兒。其實，那地方離哥倫比亞大學太近，他不願在那一帶露面。

下一個星期的一天夜裡，他帶回來一份《大蘋果日報》，這是當地的中文報紙。他把它往餐桌上一摔。「該死的馬克，他跟一個記者瞎扯，吹我們怎樣治住了那兩個不要臉的女孩。」

我看了一遍那篇小文章；它比較準確地描述了那件事，稱孟先生爲「劉教授」。他挺幸運，一直用假名。我放下報紙，安慰他說：「這沒什麼。沒人會把你跟那個有大象般記性的怪老頭兒聯繫起來。」我明白他怕領事館發現他的蹤跡。

他說：「你不知道那些官員的觸鬚伸得多長。我聽說這家報紙是大陸政府資助的。」

「那他們也不太可能把『劉教授』跟你連在一起。」

「但願你說得對。」他嘆了口氣。

可是我說得不對。三天後我下班回來時，電話急促地響著。我趕緊過去拿起話筒，喘著粗氣。打電話的人聲音悅耳地說他是申副領事，主管教育和文化交流。他要我到領事館去一趟。儘管嚇得夠嗆，太陽穴直跳，我儘量保持冷靜。我告訴他：「我上回去那兒時，連樓裡都不讓進，你們的一個工作人員說我『耍貧嘴』。那讓我好傷心，就決定再不去那裡了。」

「洪帆同志，這回我本人邀請你來。明天就過來見我。」

「我得打工。」

「後天怎麼樣？那是星期六。」

「我拿不準能不能過去。我得先跟老闆請假。到底是爲什麼，申領事？」

「我們想知道你是否有關於你的老師孟富華的消息。」

「什麼？你是說他失蹤了？」

「我們只想知道他人在哪裡。」

「這我可一點兒都不曉得。我最後見到他是在哥大，我倆一起去見娜塔莉．西蒙教授。」

「那次我們知道。」

「那我就沒有什麼可匯報了，對不起。」

「洪帆同志，你必須對我——對你的祖國坦誠。」

「我說的是實話。」

「那好，儘快告訴我你什麼時候能來。」

我說跟老闆請下假來我就給他打過去。掛上了電話，我心裡七上八下。每回跟那些當官的打交道，我就覺得無能爲力。我清楚他們也許把我當作孟先生的同夥，將來可能不斷地找我的麻煩。說不定我沒法延護照了。

那天夜裡我告訴孟老師那個電話的內容時，他沒動聲色。他僅僅說：「我知道他們一直在跟蹤我。對不起，讓你也惹上了麻煩，洪帆。從現在起你必須小心。」

「我知道我一定上了他們的名單。不過，只要我在這裡合法居留，他們就不能把我怎樣。你打算怎麼辦？」

「紐約是待不下去了。其實，我一直跟一位在密西西比的朋友有聯繫。他在那裡開了一家餐館，叫我過去幫忙。」

「這是好主意。你應該在一個邊遠的地方住下來，不讓那些官員發現你。至少在那裡待一兩年。」

「對，我將會隱名埋姓，蒸發掉。明天我不去熊貓苑了。你能把我的工作服還回去嗎？順便告訴梅玲和馬克我不在這裡了。」

「嗯，我不該那麼做，因爲他們很容易就會猜到我知道你在哪裡，這樣領事館可能會逼我供出你的下落。」

「是啊，那就不管工作服了。」

他決定第二天就去南方，乘灰狗直達傑克遜市。我贊成他的決定。

讓我吃驚的是他從壁櫥裡拖出旅行箱，拉開拉鎖，取出了一個塞得滿滿的牛皮紙信封。「洪帆，」他動感情地說：「你是個優秀的年輕人，是我最好的學生之一。這是一些我從國內帶出來的關於海明威的文章。我本打算把它們翻譯成英語，編成一本書出版，書名就叫《海明威在中國》；說實話，也是一個名利雙收的法子。如今我不能再做這個專案了，所以就把這些文章留給你。你肯定能充分利用它們。」

他淚汪汪的，把大信封放在我面前。我的手落在它上面，但沒抽出裡面的東西。我很熟悉那些數年來發表在專業期刊上的文章，知道它們大多都寫得拙劣，資訊不準，其中沒有幾篇可以稱爲學術論文。如果孟先生眞把它們譯成英文，它們會使那些所謂的學者難看；那些人根本就沒讀過海明威的原著，除了那本雙語版的《老人與海》之外。他們是按官方刊物的見解、並以其提供的內容簡介來評論海明威的小說的。在沒讀英文版的《太陽照樣升起》之前，我從來沒想到海明威還詼諧，因爲那些文字遊戲和玩笑都在翻譯中消失了。我敢保證在美國沒有出版社要出版這些無聊的文章。孟先生眞蠢，懷揣這樣一個祕密計畫，還以爲它能給他帶來財富和名譽。即使如此，我告訴他：「謝謝你信任我。」

他接著遞給我一摞現金，有一千一百多美元，求我寄給他太太。我答應給她寄去一張支票。

他嘆了口氣，說我倆將來還會重逢。他站起來，去洗手間刷牙洗臉，準備上床睡覺。第二天對我倆都將是漫長的一天。

我再沒見到他，也不知道他如今在哪裡。二十多年來我從一個州搬到另一個州，從沒回過中國。那些關於海明威的文章後來也散失了。不過，我記得就是在孟先生離開紐約的那天，我夜裡坐下來動筆寫我的第一部英語小說。

英語教授

唐陸生交上去了評審終身教職的材料，終於能鬆口氣了——總共有三大卷，一卷是學術研究的，一卷是教學的，另一卷是服務方面的。他做助理教授快七年了，如果要晉級，起碼得在三個領域裡有一個是優秀，兩個是良好。三項中，學術研究最重要，雖然他們學院是以教學爲主。他書教得並不特別好，也沒做過許多服務工作；他參加了系裡的兩個委員會，每年春季組織學生的作文比賽。在學術方面他也不太出眾，但運氣很好，他的書稿最近被紐約州立大學出版社接受了。這本單薄的專著論述的是亞美文學中男性和女性作家之間的分歧。書並不是分量重的學術著作，但出版社來信說保證明年春季出書，離現在還有一年。陸生複印了一份那封公函，把它放進自己的學術研究的卷宗裡。他已經開始寫第二本書了，是關於亞美作家怎樣運用文化遺產的，這本書的頭一章已經被一個期刊接受了。他的一些已經拿到終身教職的同事連一本書都沒出過，尤其是那些三十年前就開始教書的人，所以陸生感覺還好——他應該有把握過關。

他來到惠特尼樓，這學期他在這裡教移民文學。今天是星期四，班上討論卡洛斯．布魯森的《美國在我心中》。陸生詳細講解了選擇小說形式或非小說形式寫作所遇到的問題。最初布魯森是把他的故事當成小說來寫的，但出版社逼他作爲自傳出版。同樣的情況也發生在別的亞裔美國作家身上——比如，湯亭亭的《女勇士》。這是爲什麼趙建秀宣稱：「黃種人的自傳是白人種族主義的文體。」趙的說法在多大程度上能站住腳呢？陸生問學生。回憶錄與小說的基本區別是什麼？兩種文體各有什麼優勢和不利？這些問題激發了學生的興趣，他們甚至互相爭論起來。

課上得順利，讓陸生滿意，但這種情況並不常見。很多時候他覺得喪氣，就像在對聾子唱歌。有時候他在課堂上情不自禁地面帶嘲笑。上學期末有個學生在教學評語中寫道：「唐教授似乎瞧不起我們。要是我們說了他不愛聽的話，他就常常笑話我們。」這個學期唐陸生謹愼多了，儘量不在學生面前笑。他明白教授就像是演員，得讓學生感到愉快，但他還不知道怎樣不露心計就能取悅他們。不過，他敢保證這個學期的教學評語會比以前好。這可以向那些資深教授們表明他在教學上有所改善。

課後是會談輔導時間，但沒有人來他的辦公室，所以他四點鐘就下班了。在去地鐵的路上他遇見了妮琪——一位受學生歡迎的老師，也是系裡舉薦他晉級的人。這位高個子的黑女人上班時總戴著花格頭巾和寶石耳環，言笑嗓門特大。陸生對她說自己剛交上去了評審材料。

「哇，你好快呀。」妮琪說。「我要是你，就一定等到最後一天。但我想沒關係。你交上去前仔細地看了幾遍嗎?」

「看了。」

「沒有錯字，沒有前後矛盾的地方嗎?」她半開玩笑地說。兩個酒窩出現在她的臉上。

「我都校讀了。」

「現在你可以放鬆了，等著聽好消息吧。」

「謝謝你的幫助，妮琪。」

雖然他向妮琪保證自己認眞校讀過那些材料，仍有點兒不安。他檢查過三遍學術研究和服務的卷宗，但教學卷宗他唯讀過一遍。他希望裡面沒有錯字和筆誤。最後期限是下個星期一，三月三十一號。妮琪說得對，他應該把所有的材料都攥在手裡，直到最後一刻。他應該多等幾天。

晚飯後，陸生更加不安。他妻子在看日本電視劇《一個屋簷下》，他則回到書房裡，放上了一張爵士樂雷射唱片。滾動的音樂飄然而起。他打開電腦，調出教學卷宗，開始讀起來。一切都好——文字並不活泛，但乾淨明瞭；他對此應該有信心。然而讀到長篇報告的結尾，他注意到「Respectly yours」這個莫名其妙的短語。

他心情悶悶地從書架上拽出一部又一部詞典。沒有一本收入「respectly」這個詞。作爲標準用語，《韋氏詞典》提供了「respectfully」一詞；《美國傳統詞典》也一樣。那麼「respectedly」呢?他問自己。在信尾可以說：「respectedly yours」嗎？應該沒問題。他隱約記得在一本雙語詞典裡見過這種用法，但哪一本呢？他記不起來。錯一定出在那裡——是他從「respectly」這個說法衍生出來的。噢，這個錯誤多傻啊，尤其是在紙上！

怎麼辦呢？他應該告訴妮琪這個失誤嗎？不能，那等於把自己的愚蠢和無能公布於眾。但如果全系都看到了這個錯誤怎麼辦？更別提學院的職稱評審委員會了。他們不會僅僅說這個詞拼錯了，或這是個筆誤。這是明顯的誤用，表明他的英語太差。如果他的專業是理科，或是社會科學，甚至是比較文學，這個錯誤造成的後果可能不那麼可怕。但身爲英文教授，不管他能怎樣熟練地運用各種批評方法來分析文學作品，這個錯誤是不可原諒的。人們會搖頭說，英文教授起碼要能寫出像樣的英文。

更糟的是想到心懷惡意的同事們會做什麼。陸生知道一些教授一直懷疑他的能力。他說英語口音濃重，而且不知道如何讚揚自己不喜歡的書和作家。他曾經得罪過系裡的梅爾維爾專家蓋里．卡爾布費爾特，說《白鯨記》寫得太笨了，像一頭畸形的鯨魚。系主任皮特．約翰遜從來就不喜歡他，可能是因爲陸生被雇用時約翰遜在休假。在第四年評審時，他對陸生的教學能力表示懷疑。幸運的是妮琪爲他辯護，說他已經在亞美文學研究領域開始露頭角。這在一定程度上是眞的，他常常在學術會議上發言。但這回可不一樣——妮琪只是副教授，在授予終身教職一事上無力說服所有的正教授。陸生擔心約翰遜會抓住這個錯誤毀掉他。

他在書房裡來回踱步了很長時間，思考怎樣來補救。爵士樂早就停止了，但他沒注意到屋裡靜了下來。他左思右想，找不出辦法。後來他進入臥室時，妻子已經睡了，絨被蓋在肚子上，一條腿伸到他這邊的床上。他小心地抬起她塗了紅指甲的腳，放平了她的腿，把它移到她那邊。然後他上了床。他長嘆一聲，而她卻笑嘻嘻地喃喃自語，舔舔下嘴唇。他看看她的圓臉，那臉蛋兒還是這麼年輕，小嘴微微張開。他剛閉上燈，她的手就懶洋洋地落在他胸上。她咕噥說：「讓我試試那件連衣裙，帶花的那件。太漂亮了。」

他移開她的手，繼續思考那個錯誤。他決定明天一早就去系裡拿回來他的教學卷宗。它一定還在那裡。學術材料可能不在了，因爲得複印好多份寄給外面的專家審評，而教學卷宗只放在系裡，由他的同事們來審閱。他閉上眼睛，希望儘快睡過去。

第二天一早雪莉注意到陸生臉色陰沉。她把一碗熱呼呼的麥片粥放在他面前，問道：「怎麼啦？你氣色不對。」

「我沒睡好。」

他常失眠，於是她就沒追問下去。「上課前在辦公室裡先打個盹兒。」她告訴他。

「我沒事。別擔心。」

「今晚我會晚些回來。莫林要在四海亭演出，我得到場。」

「好吧，我自己會買些東西當晚飯。」

莫林是雪莉的弟弟，在當地的一個樂隊裡吹單簧管，經常在酒店和餐廳裡演出。他才二十六歲，比雪莉小五歲，還在考慮這輩子該做什麼。姊弟倆都出生在夏威夷，在香港長大，但四年前，即一九九三年，來到紐約。他們父母要雪莉照顧好弟弟。陸生不介意妻子爲莫林花費很多時間。他喜歡內弟，經常去聽他演出，但今天不行，儘管是星期五，他無法對莫林的樂隊演奏的瘋狂音樂提起興致。

吃完早飯，他就去上班。在地鐵上他強使自己溫習寫作課的教學筆記；這門課他教過許多回，不用怎麼準備也能教。儘管他努力專注，卻老跑神兒，急著要在別人之前到達系辦公室。

但一到系裡，他發現祕書嘉莉和皮特·約翰遜已經在那兒了。陸生急忙進入窄小的閱覽室，他的評審材料存放在那裡，供已經擁有終身教職的教授們審閱。他吃了一驚，金屬櫃上面空空的。他退了出來，問嘉莉他的卷宗都哪兒去了。她瞇起一隻眼說：「我們複印了幾份給正副教授們看。」

「你是說他們開始審閱了？」

「對呀，他們得讀完了才能開會。」

一陣暈眩差點把他放倒，但他控制住了自己。這時約翰遜走出他的辦公室。他是維多利亞文學專家，兩腿細長，略鼓的肚子堆在腰帶上；一副巨大的鋼框雙光眼鏡架在他的鷹鉤鼻上，幾乎蓋住了半張臉。他跟陸生打個招呼，會心地眨眨眼，但不等這位助理教授說話，系主任就走出了門，一本厚厚的文選夾在腋下。顯然他是去上課，然而他古怪的舉止卻讓陸生心裡打起鼓來，看著他在走廊裡離去。爲什麼約翰遜不跟他說話呢？系主任一定看到了他錯用的「respectly」！

陸生匆忙來到自己的辦公室，鎖上了門。除了去教寫作課外，他一整天都待在這間牢房似的屋子裡，思考自己的困境。如今全系肯定都看到了那個可惡的詞，而且他也一定成了笑柄。即使妮琪也無法再爲他辯護。他該做什麼？誰能幫助他？他從來沒感到這麼無能爲力。

近幾年他在中文的《全球週刊》上開了個專欄，談英文語法及用法。要是評不上終身教職，他將不僅在學校裡成爲笑話，而且在華人社區裡也會同樣——他的英語專家的名聲將會毀掉。有人會幸災樂禍，尤其是那些恨他的人，他們反感他對當代中國藝術持負面意見。要是他不那麼粗心性急就好了。這句老話對極了：「只有你的愚蠢能夠毀掉你自己。」

密再也保不住了，那個星期六他對雪莉坦白了。她也慌了神兒，因爲陸生是個天性謹慎的人，有時過於小心。他們坐在客廳裡的組合沙發上。莫林也在場，在一個角落裡懶洋洋地靠在一把藤椅上。他穿著牛仔短褲和紅汗衫，在讀小人書，吃著巧克力葡萄乾。陸生問雪莉：「你覺得我該不該跟妮琪說？」

「她肯定看到了。」

「我這輩子從沒這麼背運，八九年改專業就好了。」他想起那個夏天，自己曾考慮該不該像別的中國留學生那樣放棄寫博士論文，而去學法律或貿易。

「陸生，你過於擔心了。」莫林插進來說，用手指攏了攏染黃了的頭髮。「你看我——我從來沒幹過全職工作，但還是活著，和別人一樣呼吸。你應該學會放鬆，學會享受生活。」

「我跟你情況不同，莫林。」陸生嘆息說。「大家都認識我，要是我被炒了，那會成爲醜聞。我眞希望能像你一樣會演奏一種樂器，在哪兒都能掙到錢。」

「我不相信你的事業就這麼完蛋了。」雪莉說。「有多少人從北大和哈佛都拿到了學位。」

「在美國，頂尖學校的學位只能幫你找個工作或加入一個俱樂部，但除那以外，你還得證明自己，努力工作才能成功。」他想加上一句，說他的學位都是文科的，不值錢，但他沒說出口，知道她同意嫁給他是因爲在她眼裡他是位前程無量的學者，知道她父母同意他們的婚事是由於他的兩個金燦燦的文憑。的確，它們在香港或大陸會很值錢。

「你得這樣看，」雪莉繼續說：「什麼是終身教職？不過是一張允許你每年掙五萬美元的工卡。」

陸生皺起眉頭，但承認：「對，我做別的也照樣能活下去。」

整個週末他都心事重重，常常想像自己該試做哪種別的工作。一想起該怎樣跟那些尊敬他的華人朋友解釋，他就覺得困惑。也許最好實話實說，不管多麼丟人。

雪莉得爲客戶趕製一件歌劇服裝，就勸陸生出去看電影或跟朋友喝茶。他不出去，卻待在家裡，翻閱一些小雜誌，其中沒有一本有意思，能讓他忘記憂慮。辛格牌縫紉機在另一間屋裡嗒嗒地響著，這也讓他莫名地沮喪。

已經是四月中旬了，還剩三週這個學期就要結束了。但時間爬得多慢啊！陸生經常心不在焉；上課時他常走神兒，聽不明白學生的問題和言論。回答他們時，他說起話來像是在背書。他不再布置課外作業了。

這也許是他的最後一個學期：他知道即使學校拒絕給他終身教職，他仍可以在這裡再教一年書，但那樣做太丟人。見到同事時，他儘量避免和他們多談；覺得他們的目光要穿透他的心窩，挖出其中的祕密。有一回妮琪笑著說：「醒醒，陸生。你睡得不夠嗎？還是什麼別的毛病？」

他回答說：「我在趕一篇論文，後半夜才上床睡覺。」

他和雪莉談過明年怎麼辦，妻子建議他在別的學院另找一份工作，但他不願那麼做，說自己從此低人一等，沒有哪所學校會有興趣雇用他。他寧願做別的事情，哪怕是從頭開始。

一天，在跟《全球週刊》的主編喝酒時，陸生問那人自己能不能爲這家報社工作；他知道編輯部有個空缺，正在廣告招聘。那位主編名叫尤進，搖了搖他的雙下巴。「不，不，陸生，我要是你，想都不想。」

「我只是討厭了學術界，想換個工作。」

「人總是這山望著那山高。說實話，我眞羨慕你能吃英文這碗飯。不像你，我全陷在中文裡面了。我是報社裡的資深編輯，薪水最高，但我每年只掙兩萬六千美金。」尤進停了一下，接著說：「副教授的年薪是多少？」

「我想五萬五左右吧。」

「看到差別了吧？」尤進將一把鹹花生放進嘴裡，咯咯地嚼起來，他灰白的小鬍子上沾了點啤酒沫。「知道我怎麼看你我之間的差別嗎？」

「不清楚。告訴我吧。」

「雖然我在美國工作生活了二十多年，但仍覺得還在人民幣系統裡。陸生，你在美元系統中。不要去想爲什麼報社工作，除非是用英文出版的。」

陸生無法對尤進說明自己的困境。他答應繼續給他的週刊寫關於英語習語和易犯的錯誤的專欄。尤進說大家都喜歡讀這種實用文章。

下一週早些時候陸生看到一家出版社招聘推銷代理的廣告。雖然覺得自己不能成爲成功的推銷員，他還是按廣告上的號碼打了電話。一個語音歡悅的男人告訴他星期四下午三點過去做一個小面試。

兩天後陸生出現在羅斯福大街的那間辦公室裡。接見他的那個人挺瘦，但身板很寬，長了一頭淺棕色的頭髮。他介紹自己叫亞里克斯，並伸出手；那手握起來軟綿綿的。陸生遞給亞里克斯一份履歷，上面說他是兼職英語教師，沒提到哈佛大學的博士學位。當亞里克斯瀏覽那份履歷時，他的臉舒展了，眼睛也亮起來。「英文是我的專業。我喜愛古典名著，特別是《伊里亞德》。一有新譯本出現，我就先睹爲快。」

「那是一部偉大的詩篇。」陸生驚奇地說。在學院外面他很少遇見有文學修養的人，除了《全球週刊》的幾位編輯。他繼續說：「如今人們大談民主、正義，其實大部分這類的觀點在荷馬那裡就有了。」

「太對了。你教什麼？」亞里克斯把履歷放在桌上。

「美國文學。」

「你教史坦貝克嗎？」

「有時候教。我教過《鼠與人》。」

「我喜歡他的書，特別是《伊甸園東》。」亞里克斯的熱情讓陸生不自在——他知道大部分治現代文學的學者都不喜歡史坦貝克。

亞里克斯說陸生合格了，邀他於星期六出席白原城的一個錄用會。整個面試只用了十分鐘，顯然亞里克斯還得見別人。他祝陸生好運。

出了大樓，陸生想像自己成爲一名推銷員。這並不壞。亞里克斯看上去很愉快，在法拉盛中心有自己的辦公室，還有一位祕書。也許他陸生努力工作，將來也會有亞里克斯那樣自信的身體語言，除去那疲軟的握手。但白原城好遠呀，得坐火車去，就是說一天就沒了。不過他別無選擇。

那天晚上他跟雪莉談了他的面試。她鼓勵他參加那個會議，說他應該多試幾個工作，看哪個最合適。他對自己說推銷員也能生活得不錯，這是美國，職業上沒有貴賤之分，只要你能掙大錢。

一整天的錄用會在羅曼達旅館舉行，陸生晚了十五分鐘才到。約有二十個求職者在場，其中三分之一是女的。每人發了一個亮鋥鋥的藍色文件夾，裡面有半打印刷稿，一支鉛筆，一個帶行的記事簿。主講的是一位推銷專家，雙肩渾圓，目光逼人；他臀部靠在桌子上，解釋如何說服可能的消費者買他們的產品——《世界百科全書》。他身旁擺著一整套書，共三摞，二十六卷。他時不時地拿起一本來展示高質量的印刷。據他說，推銷員可以賺到定價的百分之二十五的佣金。一套賣六百五十美元，就是說你能拿到一百六十二塊五。

「想想看，你一週賣上五、六套，」那人繼續說：「這對誰來說都是一筆可觀的收入。這個工作的妙處在於你可以制定自己的時間表，沒有老闆監視你。你每星期可以幹十小時，或二十小時，或六十小時。全由你自己安排，不過你需要一輛車來運送產品。」

這對陸生來說不是問題，因爲雪莉有車。幾個求職者提出些問題，那位推銷專家告訴他們他本人幹這行已經十八年了，仍舊十分喜歡。他說話時，寬闊的臉頰抽動著，好像要壓下去一個笑意。陸生不禁揣想這人說的是不是眞話。

由於多數赴會者是從紐約市來的，公司在旅館裡爲他們提供免費午餐。他們進入餐廳，雙扇玻璃門正對著一個橢圓形的游泳池，微風時而在水面上吹起波紋。陸生坐在一個名叫比利的、圓滾滾的男人旁邊。他們吃著雞胸肉、清蒸椰菜、全麥麵包。他倆攀談起來。氣色紅暈的比利說他是牧師，挺喜歡捎帶著賣賣百科全書。「實際上，我上星期賣了兩套。」他親熱地說。

「難賣嗎？」陸生問。

「談不上難。我去訪問一些教區裡的家庭時，隨身帶上了第一卷。他們很高興買一套，因爲家裡有孩子上學，做作業的時候用得上百科全書。你做什麼，陸生？」

「我在大學裡教書。」

「兼職還是全職？」

「全職。」陸生放低了聲音。

「這麼說你是教授？」

「就算是吧。」

「說實話，我要是你，才不爲這個銷售工作費心呢。」

「怎麼講？」

比利打了個飽嗝，把聲音幾乎壓低成耳語。「很多百科全書上的資訊不久就會上互聯網了。幾年後，沒有人要在家裡存放這麼一大套書。我敢打賭就連出版社都不會重印這東西。我們賣的不過是些存貨。你不能把這個工作當成職業。」

「那你爲什麼還做呢？」

「我做這個只是玩玩，給我們教會掙點錢。」

陸生沒參加下午的會，把藍文件夾留在前廳的咖啡桌上，就離開了旅館。在溫暖的陽光裡他朝火車站走去，穿著藍T恤衫，襯衣圍繫在腰間。他瘦削的身體投下矮胖的斜影。

學期快結束了。陸生在改學生的論文。他很難集中精力，但不斷提醒自己這是最後一批了，以後就不必讀這種垃圾了。「你快解放了。」他告訴自己。但一想到即將來臨的羞辱，一陣疼痛就抓住他的心。近來他老想起尼加拉大瀑布附近的佛教寺廟，那個在加拿大那邊的。他兩年前去過那裡，度過愉快的時光——喝著菊花茶，嗑著五香瓜子跟一位留著短鬍子的和尙暢談。在廟裡的客店度過的那個夜晚是他平生最安寧的時刻。他不僅是喜歡那裡的幽靜，後來一連幾天都覺得頭腦清晰。如果沒結婚，他會再去那裡，看看他們願不願收留他。他們可能願意，因爲他會有些用處，起碼可以做英語翻譯或文獻專家。他多麼渴望能安居在一個沒有人知道他的過去的地方。

五月中旬的一個傍晚，雪莉回到家裡，滿面光豔，兩眼微笑。她朝陸生揮動一封信，語音顫悠地說：「好消息！」

「什麼呀？」他嘟囔說，打不起精神。

「你拿到了終身教職。」

「眞的嗎？別騙我了。」他站在那裡，一動不動，稍稍鼓起的眼睛盯著她。

她走過來，遞給他皮特．約翰遜的信。陸生粗略地讀了讀系主任寫的信。信上說：

親愛的唐陸生教授，

我欣喜地通知你，我們系投票同意晉升你為副教授，並附帶終身教職。我們讚賞你作為學者的成就和你對教學的奉獻。我們確信你是系裡的寶貴資產……

約翰遜接著解釋說這次晉升仍需要學院審批，不過他強調那只是形式，因爲據他所知，院長從未推翻過系裡授予終身教職的決定。讀過這封暖意融融的信，陸生依舊原地不動，好像在發呆。他拿不準該不該相信系主任的話。

「怎麼了？」雪莉問。「你不高興？」

「如果系裡投票同意給我終身教職，妮琪應該是第一個來通知我。」

「再讀讀信。他們前天開的會。」

「不管怎麼說，這消息不該先從皮特．約翰遜那邊來。他都不願看見我，你知道的。」

「你疑心太重。約翰遜根本不敢這樣惡作劇。給妮琪打個電話，看看是不是眞的。」

「那好。」

他撥了妮琪的號碼，鈴聲響第三下時她輕鬆的語音傳了過來。他提起自己的疑慮，而她卻笑了。

「當然是眞的。」她向他保證。

他想爲什麼妮琪沒告訴自己，但忍住沒問。隨後她補充說：「皮特眞快。這回他支持了你。」

「噢，我沒預料這樣的結果。」

「你應該晉級，陸生。我昨天打算給你去電話，但我女兒今天要去參加『學者盃』競賽，我忙著幫她打點行裝。今天下午送她上車後，回家的路上我碰到一個多年沒見的朋友。所以我回來晚了，準備今晚給你打過去。對不起，沒能及時給你報喜，但我眞心地爲你高興。實際上，除了三、四個人外，全系都支持你。你的材料非常強，我敢保證院長會批准的。你該慶祝一番，陸生。」

掛上電話前，他謝謝妮琪，說將會通知她派對的日期。現在他終於相信了。噢，智慧的老荷馬有時也會打盹兒——那些博學的教授們偶爾也會漫不經心，特別是當他們將自己投身於宏偉的論題和著作中，全心全意地專注著各種各樣美妙的前沿理論，比如互文、複調敘事學、結構主義、新歷史主義。他們壓根兒就沒注意到一個小小的錯別字：「respectly」。

「我通過了，哇，我通過了！」陸生大叫一聲。他衝向妻子，攔腰把她抱起，一圈又一圈地轉悠著她。

「放下我！放下我！」她尖叫道。

他放下了她。「我通過了。哇，我再也不用擔心被解雇了。我是眞正的教授了！這只能發生在美國！」

「你的工資也會漲好多。」

突然他大笑起來。他笑啊笑，直笑到彎下了腰，直笑到雪莉開始拍他的後背以減輕他的咳嗽。然後他挺直身子，放聲唱起〈生來狂野〉，那是莫林的樂隊經常演唱的歌。

「生來狂野！」陸生引吭高唱，驚呆了妻子。

他並不熟悉整首歌，就扯著嗓門重複那一句，但歌詞換了：「生來幸福！……生來成功！」

「別唱了，快別唱了！」妻子懇求說。可是他不停地又笑又唱：「多麼美妙的世界！……生來當教授！……生來做人傑！」

雪莉拿起電話，撥了一個號碼。「莫林，快過來。陸生精神失常了。……不，他並不粗暴。我們剛聽說他拿到了終身教職，他被這好消息給弄蒙了。過來幫我安定他的情緒。」

不一會兒莫林就到了。陸生還在唱著，不過他此時唱的是些京劇片段：「臨行喝媽一碗酒，渾身是膽雄赳赳。……」

「給他吃點兒苯海拉明。」莫林對雪莉說。他把陸生從沙發上拉起來，攙扶著他去了臥室。

陸生一在床上坐下，妻子就端來一杯水和兩粒囊片。她讓他服下鎮靜藥，然後姊弟倆弄他上床。一片汗水在他突圓的額頭上閃亮。她給他蓋上毯子，說：「親愛的，你得睡上一覺。」

陸生還在哼唱著，但聲音已經弱下來，顯然他累了。雪莉把床頭櫃上的燈扭暗，跟弟弟出了屋。

「如果他明天又發作我該怎麼辦？」她問莫林。

「等等看吧。明天他也許就正常了。」

「但願那樣。」她嘆息說。

養老計畫

大家都認爲盛先生患有腦梗塞引發的老年癡呆症。我敢肯定他得的不是帕金森氏症，也不是阿茲海默症；我接受健康護理訓練時，對這兩種病的症狀有所瞭解。他並沒喪失全部能力，但白天需要人照料。我很高興能護理他，因爲沒找到這份工作之前，我已經失業了三個月。

每天早上我用溫水泡的毛巾給他擦臉，但不可以給他刮鬍子，只有他的家人才能那麼做。他六十九歲，性情溫和，說話輕聲輕語。三十年前他在長春市的一所中學裡教物理，但他讀不了那些舊教科書了，記不起來那些公式和定理。不過，他還認得許多字，獨自坐著時，腿上常常放著一份報紙。我的工作是給他做飯，餵他，保持他清潔，帶他出去轉轉。一個年輕的護士每隔一天來給他量體溫和血壓，還給他打針。這位二十出頭的姑娘告訴我盛先生的病根本就治不好，醫生只不過是設法控制病情，不讓它惡化。我很幸運，我的病人不像許多癡呆症患者那麼暴躁。

盛先生的妻子在他來美國之前老早就死了，但他以爲她還活著。他常常記不起她的名字，所以每天早上我讓他看一本影集，裡面有二十多張他倆的合照。在這些相片上他們都還年輕，看上去是幸福的一對兒。她是個漂亮的女人，是江南那種皮膚光潔、身姿纖秀的美人。有時候我指著她的臉問他：「這是誰？」他抬起眼睛看著我，面色茫然。

我工作了大約有一個月的時候，他女兒敏娜開始干預了，說這些照片可能使他心煩，不該繼續給他看，於是我把影集收了起來。他從沒抱怨過看不見相片了。敏娜有點專橫，可我不在意。她一定很愛她老爸。她叫我牛嬸兒，這讓我不太自在，因爲我才四十八，沒那麼老。

我工作的一部分是餵盛先生。我經常得連勸帶哄他才肯嚥下食物。有時候他像個生了病的嬰兒，飯在嘴裡含了很久，又吐了出來。我給他燒好菜好飯——雞肉粥、魚丸子、蝦仁芋頭羹、香菇炒麵條；儘管牙齒齊全，他好像嘗不出許多飯菜有什麼不同。他的大部分味蕾肯定死掉了。吃飯時，他常常邊嚼邊嘮叨，說的話一般讓人聽不清。偶爾他會停下來，問我：「明白了嗎？」

我常常不做聲。如果他繼續追問，我就搖頭承認：「沒有，我聽不太懂。」

「你老走神兒。」他嘟囔說，不再吃飯了。

午餐經常要花兩個多小時。這倒沒什麼，實質上我的工作就是幫他消磨時間。由於他吃東西任性，我決定在餵他之前自己先吃午飯。

飯後我們常出去呼吸新鮮空氣，買點東西，包括《世界日報》；我用輪椅推著他。他像是個家庭主婦，有剪集優惠券的習慣。一看到什麼東西減價出售，他就從報上剪下廣告，留給敏娜。這讓我覺得他一定曾是個體貼人的丈夫，願意跟妻子分享很多東西。如今他喜歡讓我推著去逛法拉盛的商店。對於食物，他喜歡吃淡水魚：河鱸、鯉魚、鰻魚、鯪魚、大頭魚，但除了扇貝，他不願吃別的海鮮。那個年輕的護士建議他吃扇貝是因爲裡面膽固醇低。她還告訴我給他些牛奶和乾酪，但他討厭那些東西。

一天下午我們又出去採購。在緬因街上快走到一個報攤時，盛先生叫起來：「停下！」

「什麼事？」我停下腳步。人們正從地鐵出口擁出來。

「在這裡等著。」他告訴我。

「爲什麼？」

「她就要出來了。」

我想接著問下去，但止住了。他的腦筋已經聽不懂正常的句子。要是我問他一個超過十個字的問題，他就無法回答。

更多的人走過去；我倆待在逐漸減少的人群中。等再沒有乘客從站口出來了，我問他：「還等嗎？」

「等。」他兩手放在腿上，身邊一片報紙貼在輪椅上端的橫梁上。

「咱們得去買魚，記得吧？」我指了指廣告。

他好像不知所措，眼珠左右轉動。這時地鐵出口又擠滿了人，街頭也人來人往。出乎我的意料，盛先生向一個年輕女人招招手，那人身穿栗色長褲，粉紅色絲綢衫，戴著金絲眼鏡。她猶豫一下，然後停住。「要我做什麼，老伯？」她操著廣東口音說。

「看見我太太了嗎？」他問。

「她是誰？叫什麼名字？」

他不吭聲了，焦急的臉轉向我。我插嘴說：「她名叫萬茉莉。」我朝那女人眨眨眼，不知道該怎樣進一步解釋而又不冒犯盛先生。

「我不認識任何叫這個名字的人。」她笑了，搖搖膚色略黑的臉。

「你撒謊！」他高喊。

她瞪著他，鼻孔張合著。我拉她到一旁，小聲說：「姑娘，不要往心裡去。他精神有毛病。」

「如果他是個病佬，就別讓他出來惹得別人不開心。」她狠狠地瞅了我一眼，走開了，齊肩的頭髮搖擺著。

我有些惱火，回到輪椅旁。「不要再跟陌生人打招呼。」我說。

他好像沒聽懂，看上去不太高興，可能是因爲沒見到他太太。我推他走了，他嘀咕著一些我聽不清的話。

魚店就在附近。我們買了一條大白魚，兩磅多。這條魚很新鮮，眼睛鼓亮，鱗片齊全，肚子結實。按照我說的，櫃檯後面的小夥子給它清了膛，但留下了頭。盛先生不可能一下子吃這麼一整條——我會給他做一半，剩下的一半明天或改天再做。回去的路上，他堅持要拿著魚。我已經把塑膠袋口紮好了，所以看見他把魚橫放在腿上，我就沒吱聲。血水滲了出來，浸濕了他的卡其布褲子，但我沒注意到。到家時，看見濕乎乎的一片，我以爲他尿了。「你專門給我找活兒幹，對吧？」我說。「你爲啥不好好拿著魚？」

他看起來有些迷惑。但他也許故意讓魚血流出來，生我的氣了，因爲我們沒在地鐵站外多等些時候。我開始給他脫衣服，準備給他洗澡，反正這是我今天計畫之內的事。至於被魚血染髒的褲子，我打算等一等再洗。樓上有一台洗衣機；他女兒和孫子住在上面，還有他女婿哈利。哈利胖墩墩的，是個推銷員，常出門，幾乎總不在家。

我扶盛先生進入浴缸。我給他洗澡時，他扶著一個鎖住了輪子的助步器。我把他渾身打上肥皂，然後用噴頭沖洗。他喜歡淋浴，通常積極配合，這樣轉過來，那樣轉過去。我把溫水噴在他身上時，他開心得叫起來。他應當高興，沒有幾個健康助理像我這樣認眞地給病人洗澡。我曾在一家養老院工作過，那裡給老人們沖澡時，先把他們衣服脫光，再把他們綁在座上帶孔的輪椅上。我們將他們一個接一個推進機器裡面。像洗車似的，水柱從四面八方射向他們。等把他們拖出來，他們個個戰戰兢兢，打著響嗝，像脫了毛的火雞。一些助護人員故意讓自己不喜歡的老人們濕漉漉地、光溜溜地在一邊待上一兩個鐘頭。

我用毛巾給盛先生擦乾，幫他穿上乾淨的衣服，然後梳理他花白的頭髮。他的頭髮仍然濃密，沒有失去光澤。我注意到他的手指甲很長了，指縫帶有污垢，但公司的規章不允許我給他剪指甲，怕把它們弄感染了惹上官司。我告訴他：「乖乖的。我給你做魚湯。」

「香啊。」他咂咂嘴，露出兩顆金牙。

我不會開車，每回盛先生去醫院見醫生，敏娜就開她的小客車送我們。她已經被兩個四歲的雙胞胎兒子和銀行裡的工作弄得不可開交，不得不雇個保母。她父親不相信西醫，每次去醫院都不高興。他也許有道理——據那位隔一天來一回的年輕護士說，針灸和中藥對他的病可能更有效。但他得自己掏腰包買草藥，因爲醫療保險不包括這類東西。儘管這樣，他還是讓我推他去各家中藥店，有時候他去那些地方是要看醫生們怎樣治病：號脈，拔火罐，按摩，推拿。這些醫生英語不過關，拿不到執照，只能在草藥店裡行醫。盛先生買不起醫生開的整副草藥——一般每副十幾樣，但他常常買上一兩種：幾隻蠍子或蜈蚣，或一包參鬚子，這要比根莖便宜至少十倍。他要我把參鬚放進滾開的水裡給他泡茶喝。他還要我焙乾並碾碎那些昆蟲，我還得保證不讓敏娜知道他服用這些東西，因爲她認爲中醫騙人。我不清楚蜈蚣和蠍子是否對他管用，不過每回他吃上幾隻就會精神起來幾個小時，眼睛柔光閃閃，面色紅暈。他還唱起民歌，一首接一首。他總把歌詞搞亂，但不跑調。我熟悉那些歌，經常跟著他唱。

我們一起唱：「小河靜靜流，微微泛波浪，／你的話我永遠記心頭。」或唱：「小小荷包帶金線，／村姑針針爲我縫。／她的微笑是春花，／一朵一朵爲我紅。」

但我跟他在一起並不總是這麼快樂。很多時候他太任性，老抱怨，無緣無故地發脾氣。由於醫療保險包括針灸，他定期到診所去扎針。在步行距離之內只有李醫生被列進保險計畫中，他在四十六大街的一座公寓裡行醫。我帶盛先生去那裡時常常走錯門，因爲那些磚樓看上去一模一樣。一天下午，我推他走在紫色楓葉蔭掩的人行道上，他叫我停下，說我們走過了李大夫的診所。我四下看看，覺得他可能對，於是轉了回去，走向正確的入口。

我的錯誤讓他興奮，他告訴李醫生我是「傻瓜」。他躺在傾斜的皮床上，兩腳扎著針，指指自己的腦袋說：「我的記性好多了。」

「的確是這樣。」李醫生附和說。「你恢復了許多。」

我討厭那個驢臉的人，他光騙他。盛先生甚至都記不清午餐吃了什麼。任何心智正常的人怎麼能說他的記性變好了呢？他傻乎乎地笑著，一臉得意的樣子。我敢肯定他認出正確的門口不過是歪打正著。我越想越氣得慌，就一屁股坐進他的輪椅裡，裝著像他那樣哆嗦起來。我呻吟說：「唉呦，幫幫我！快帶我去見李大夫。求他把魔針扎進我的脖子裡。」

李醫生笑起來，嘎嘎地像隻鴨子，這時盛先生的眼睛像一對小箭頭似的盯著我。紅斑浮上他的兩頰，一綹灰髮突然在他頭頂翹起來。我嚇壞了，趕緊爬出輪椅。儘管如此，我仍加上一句：「推我回家，我自己走不了路。」

我不該模仿他。回來後一連幾小時他都扭過頭去不理我，儘管我做了他最愛吃的飯——雞肉粥，裡面還放了栗子。我想他會不斷找我的麻煩。但第二天早晨我走進他在地下室裡的住處時，他恢復了原樣，甚至笑了笑，認出了我。

盛先生多了一個習慣——他不讓我離開他，要我時刻坐在他身旁。甚至我上樓去洗衣服，他也會不耐煩，弄出難聽的響聲。我在屋裡走動時，能察覺到他的眼睛跟著我。吃飯的時候，他更聽話了，餵啥就吃啥。一天上午我指著自己的鼻子對他說：「我叫什麼？」

他居然說：「菊芬。」

我感激他記住了我的名字，用一隻胳膊擁抱了他一下。說實話，我喜歡跟他在一起，不僅因爲一小時能掙八美元，而且還因爲他對我有好感，使我的工作容易多了。如今我不必再用那麼多時間來餵他和給他洗澡。這些天來他快樂而又溫順，就連他的孫子們也會下來看望他。他女婿不在家時，他也上去探望他們。不知爲什麼，他好像怕哈利——一個厚肩的白人，兩腿稍短，一雙藍眼睛咄咄逼人。敏娜說她丈夫怕盛先生會傷害他們的孩子，還說哈利不喜歡老人身上的氣味。但老天作證，由我來照顧，我的病人不像以前那麼氣味難聞了。

他在附近有很多朋友，我們常去波納街上的一個小公園裡見他們。他們都六七十歲了，三、四個女的，其餘的七、八個是男的。但他們跟我照看的這位不同，都沒什麼大病，頭腦更清醒些。雖然盛先生不能再和他們聊天了，我看得出他們曾經相當友好。朋友們和善地逗他，但他不說話，光朝他們微笑。一天下午，一個尖頭的短粗男人，名叫老彭，大聲問他：「這是誰？你的女朋友？」他用拇指點一點我，灰指甲像是一只小蹄子。

出乎我的意料，盛先生點頭稱是。

「那啥時候跟她辦喜事？」一個沒了牙的男人問。

「下個月？」一個瘦小的女人插話說，攥著一把開心果。

盛先生看上去迷惑不解，而他的朋友們則笑得前仰後合，有的還向我招手。我臉上發燒，告訴他們：「不要逗弄他了。眞不害臊！」

「她好凶啊。」老彭說。

「像只小辣椒。」另一個男人附和一聲。

「她眞會護男人。」同一個女人加上一句。

我意識到沒法制止他們，就對盛先生說：「走，咱們回家。」

我推著他離開時，更多的嘻笑聲在身後升起。打那以後，我不再帶他去那個公園了，而常去法拉盛圖書館。他喜歡在那裡翻弄雜誌，特別是那些帶圖片的刊物。

一天上午，他站在浴缸裡由我擦洗，突然他抓住我的手，把它緩慢但堅定地拉向他自己。我以爲他要我檢查一下不舒服的地方，但我吃了一驚——他把我的手按在他毛乎乎的肚皮上，然後往下按，直到他的生殖器。沒等我拽回手來，他就開始咕噥起來。我看看他的眼睛，裡面放著奇異的光芒，飛動著火星。我默默地撤回手，繼續給他背上噴水。他不停地說：「我愛你，我愛你，你知道。」

我趕緊用毛巾給他擦乾，幫他換上乾淨的衣服。從頭到尾我都沒說一句話，但心裡直翻騰。這可咋辦？我應該告訴他女兒這個新變化嗎？他不是壞人，但我不愛他。除了二十一歲的年齡差別外，我根本無法想像再和一個男人有親密關係。我前夫八年前離開了我，找他的舊情人去了，那女人是個中間商，在舊金山做瓷器生意。我已經習慣了獨自生活，從未打算過再婚。我對盛先生好主要是想讓他喜歡並信任我，好使我工作起來更容易，而現在我該怎樣應付這種狂亂呢？

不知如何是好，我裝著不明白他的意思。我開始疏遠他，儘量躲開他。可是我還得帶他出去，還得像哄小孩一樣餵他。還有，如果我對他說一句嚴厲的話，他就會哭叫起來。他常常輕聲地念叨我的名字——「菊芬……菊芬……」彷彿咀嚼著這兩個字。要是他沒病得這麼厲害，他會很有趣而且招人喜歡。我覺得他怪可憐，就儘量耐心些。

大約一星期後，只要有機會他就開始摸我。當我站起來給他取東西時，他就輕輕地拍我的屁股。他還常把手放在我的前臂上，好像防止我離開，好像我喜歡這種親暱。一天下午，我終於把他的手從我的腿上移開，並說：「拿開你的爪子。我不喜歡。」

他吃了一驚，接著哭叫起來。「不好玩！不好玩！」他嚷道，用手掌推著空氣，臉扭歪著，兩眼緊閉。

敏娜聽到了吵鬧聲，衝下樓來，頭上頂著一個大髮髻。看到老爸傷心的樣子，她厲聲問：「牛嬸兒，你是怎麼傷害他的？」

「他……他老騷擾我，動手動腳的。我只是告訴他住手。」

「什麼？你撒謊。他幾乎不知道你是誰，他怎麼會做那種事？」她豐滿的臉皺到一起，表明她決心捍衛父親的名譽。

「他喜歡我，這是實話。」

「他不再是正常人了，怎能對你有正常的感情？」

「他說他愛我。問他吧。」

她把帶肉渦的手放在他削瘦的肩膀上，搖了搖。「爸，告訴我，你喜歡菊芬嗎？」

他面無表情地看著她，好像聽不明白。我恨他不開口，這樣來羞辱我。

敏娜挺挺腰板，對我說：「顯然你在撒謊。你傷害了他，卻怪在他頭上。」

「怪個屁，我說的全是實話！」

「那你怎麼證明？」

「那好，你不相信我，我不幹了。」我被自己的話嚇了一跳；這份工作對我來說很寶貴，但話已經收不回來了。

她笑了笑，眨眨塗著油膏的睫毛。「你是誰呀？你以爲你人才難得嗎，離了你別人就沒法活了？」

我無話可說，走進門道拾取我的東西。此刻已經接近傍晚，快到下班的時候了。我知道敏娜跟我們代理處的老闆張檸很好，兩人都來自南京。這娘們兒肯定會對那傢伙說我的壞話，讓我很難再找到工作。儘管這樣，我還得保住面子，絕不央求她繼續用我。

我沒吃晚飯，那天夜裡哭了好幾個小時。可我並不後悔對敏娜說了那番話。正如我所料，我的老闆張檸第二天一早打來電話，叫我不要再去上班了。

一連幾天我待在家裡看電視。我喜歡韓劇和台灣電視劇，但我想學英語，就看些肥皂劇，《都是我的孩子》和《中心醫院》之類的。這些我其實看不大懂。靠一位朋友翻譯，我告訴我們教堂的羅倫佐神父我丟了工作。他說不要灰心。「上帝會提供機遇，你很快就能找到工作。」他向我保證。「目前你應當抓住這段空閒上這裡的英語班。」

我沒回答，心想，說起來容易做起來難。我這把年紀的人，怎麼可能從頭學另一門語言？我連二十六個字母的順序都記不清。要是能年輕三十歲就好了！

不過後來，張檸有天晚上來電話，說他要我繼續照看盛先生。怎麼回事？我問自己。他們不是已經派去了個新的健康護理了嗎？我問他：「出什麼事了？敏娜不生我的氣了？」

「不啦。你知道她只是個急性子。說實話，從你離開後，她老爸經常拒絕吃飯，像個小孩整天鬧騰，所以我們請你回去。」

「你以爲說回去我就回去了？」

「我瞭解你。你心腸好，不會眼睜睜地看著個老人因爲你的自尊而受罪挨餓。」

這倒是實話，於是我就同意第二天早晨重新開始工作。張檸謝了我，並說年底會給我加薪。

我回去上班後敏娜相當友好。她父親重新正常吃飯，雖然他仍說愛我，只要有機會，還是動手動腳。我不責備他，儘量躲避他，以免再傷害他的感情。平心而論，他癡迷但並無惡意。是無法治癒的疾病使他落到這種地步；要不是這樣，某位上年紀的女人可能會很樂意嫁給他。每當我們在街上或在圖書館裡碰見他的朋友，盛先生都說我是他的女友。我不好意思，但從不糾正他。世界上有些事你越解釋就越複雜。我一直不作聲，提醒自己我只是在打工。

有時候我正給他洗著澡，他來勁兒了，非要我摸他的生殖器；有時候他還試圖撫弄我的乳房。他甚至開始叫我「老婆」。我煩得慌，私下對敏娜說：「咱們得想個辦法制止他，不然我實在沒法繼續做下去了。」

「牛嬸兒，」她嘆氣說：「咱倆敞開說吧。我也愁死了。告訴我，你對我爸有感情嗎？」

「這是什麼意思？」我有些困惑。

「我是說你愛他嗎？」

「不，我不愛他。」

她朝我淡淡一笑，彷彿在說沒有女人會公開承認自己對哪個男人有感情。我想強調我對他最多有那麼一點兒好感，但沒等我說話，她又開了口。「和他結婚怎麼樣？我是說只在表面上。」

「胡說什麼呀。我不工作，咋養活自己？」

「這是爲什麼我說只在表面上。」

我更加困惑。「我不明白。」

「我是說，你可以保留你的工作，但住在這裡裝作是他老伴兒。只要讓他滿意，安靜下來。我每月付你四百元。另外，你還照拿你的工資。」

「哦，我拿不準。」我看不清她眞正的意圖。

她繼續說：「是這麼回事——法律上你根本不是他的配偶。什麼都跟從前一樣，除了你在這裡多陪他些時間。」

「我不用和他睡在一起？」

「絕對不用。你可以在那裡安個床。」她指了指貯藏室，那裡雖然狹小，但可以收拾成一個舒適的窩。

「那麼這婚姻只是名義上的？」

「正是這樣。」

「讓我想想，好嗎？」

「當然了，不急。」

我考慮了兩天才決定接受「求婚」。我想起了姨媽，那年她四十出頭，嫁給了一個比她大十九歲的截癱的人，後來一直照料到他死。她並不喜歡那人，但可憐他。可以這麼說，她犧牲了自己好讓家人不挨餓。丈夫死時沒留給她任何財產，把房子留給了他姪子。後來姨媽同跟前夫生的女兒住在一起，至今仍和我表姊生活在黃河邊上的一個小鎮裡。跟姨媽相比，我處境好多了，掙自己的工資。要是在盛先生那裡安頓下來，最終我就不用再租公寓了，還可以省下八十一美元的地鐵月票。我告訴了敏娜我的決定，她非常高興，說我是慈善的化身。

讓我吃驚的是她下午又來了，拿著一張紙要我簽字，說這是我倆已經商量好的條款。我不懂英文，於是要看一下中文翻譯。在任何東西上簽名我都得小心；四年前我搬出艾姆赫斯特去跟在克羅納那邊的一個朋友同住，我那時的房東不退給我七百美元的押金，並出示了那份雙方都簽了字的合同，上面說如果在租約到期前搬走，我就放棄那筆錢。

敏娜同意用中文重寫。第二天上午，我正坐在盛先生身邊給他讀報紙，敏娜進來了，示意要我到廚房去。我過去了，她遞給我那份協定。我讀了，覺得受到侮辱。那協定聽起來好像我打算騙取她父親的錢財。最後一段申明：「總之，牛菊芬同意永遠不與盛金平登記結婚，也不接受他的任何遺產。他們兩人的『婚姻』永遠只是名義上的。」

我問敏娜：「這麼說你把我當成淘金的女人了，嗯？如果你不相信我，何必費心搞這種假婚姻呢？」

「我當然相信你，牛嬸兒，但咱們如今在美國，這裡的空氣都能讓人說變卦就變卦。咱們最好先在紙上寫清楚。說實話，我爸有兩套公寓，老早他就買下了的，當時這一帶房子很便宜，所以咱們應該避免將來出麻煩。」

「我從沒想到他有錢，但我不會『嫁』給他。沒門兒。」

她用貓眼盯著我，說：「那你還能在這裡工作嗎？」

「我不做了。」

「我無意冒犯你，牛嬸兒。咱們能不能等平靜下來再談呢？」

「我不能這樣出賣自己。我不愛他。你知道一個女人嫁給她不愛的人有多難。」

她輕蔑地笑笑。我明白她在想什麼——女人到我這把年紀，有個機會結婚就不錯了，還考慮什麼愛不愛。的確，人越老愛情就越稀罕。儘管這樣，我鼓足勇氣說：「這是我在這兒的最後一天。」

「喔，沒那麼簡單吧。」她轉身走向門口，兩臀微微顫動。她不該穿牛仔褲，讓自己顯得滾圓。

張檸第二天來電話請我去他的辦公室，要跟我「談談心」。我說不願意跟一個才三十幾歲的人交心。其實，他快四十了，已經像個中年人，腰圍粗壯，地中灣式的禿頂鋥亮，像死火山口中的一片湖水。可是，他堅持要我過去，我就同意第二天上午跟他見面。

一整天我在琢磨跟他說什麼好。無論怎樣我都要拒絕照看盛先生嗎？我拿不定主意，因爲我在張檸的掌心裡，他輕易地就能讓我幾個月甚至幾年找不到工作。那我應該跟敏娜簽下那個可恥的協定嗎？也許我不得不接受。要求加薪怎麼樣？這可能是唯一可行的一步。我決定跟老闆講價錢，要求每小時加薪一美元。

第二天早上動身前，我梳了梳仍然挺黑的頭髮，稍微化了妝。我驚訝地看到鏡子裡的自己：高顴骨，明亮的眼睛，菱形的嘴。如果年輕二十歲，我會是個美人。更稱心的是我腰圍仍然細小，胸部還豐滿。我離開家，決心和老闆爭一番。

在地鐵站我遇見一位瘦小的女人，她拖著嬰兒車，車上摞滿裝著塑膠瓶和鋁罐的布袋子。她肯定是華人，年過七旬。裝著瓶罐的袋子很乾淨，像是一件件彩色的行李。一把生鏽的折疊椅綁在袋子頂上。童車的一側掛著裝著一瓶水的網兜和一個帶紅穗的藍包，裡面顯然盛著她的午飯。跟童車分開，地上還有三只大布袋子捆在一起，裡面全是兩升容量的可樂瓶。月臺上所有的人都遠遠地離開這位白髮女人。她身穿褐色褲子和印有黃芙蓉的短袖衫，看上去整潔溫和，但她有些慌張，一遍又一遍地緊一緊捆著整個車身的繩子。一個五十左右的男人走過，領著兩個小女孩，她們滿頭蜂蜜色的鬈髮微微搖動；孩子們轉過臉愣愣地看著裝著瓶罐的袋子和老太太。她朝她們擺擺手，帶著怯生生的笑容說：「拜拜」。女孩們都看傻了，沒有回答。

地鐵來了，停車放出旅客。我幫著老太婆拽她的東西上車。她忙活著拚命把廢品都拉進車裡，甚至門關上後她也沒謝謝我。她氣喘吁吁。她這些袋子裡一共有多少瓶瓶罐罐呢？我約摸著。大概有兩百個。她站在門旁，怕到站時不能把東西都拽下去。一次又一次我掃她一眼，不過別人好像根本沒注意到她。我想她一定是常客，每天拖著同樣的負重。

一陣哀傷湧上我心頭。在這個乾癟的女人身上我看到了自己。作為健康護理，從來拿不到加班費，也沒有健康保險和退休計畫，我能繼續幹多少年呢？我能掙夠錢——攢起來一些供養老用嗎？等無力照料病人的時候我該怎麼養活自己？我現在必須做點什麼，否則有一天我會像那個瘦小的老太婆一樣，從垃圾桶裡撿瓶子和易拉罐去賣給回收店。我越想越沮喪。

那個女人在交接大道下了車，拖著比她體積大五倍的負荷。人們匆匆地從她身邊經過，我擔心她的袋子掛到什麼東西，會使她摔倒。她快散花的運動鞋似乎由線繩綁著才囫圇跟腳；她拉著童車蹣跚地走開，背上的三只大袋子呼扇呼扇的。

張樗看見我走進辦公室，很高興。「坐吧，菊芬。」他說。「喝點什麼？」

「不用了。」我搖搖頭，在他的寫字臺前面坐下。

「明說吧，我怎樣才能使你回到敏娜家裡？」

「我要一個養老計畫！」我堅定地說。

他一愣，接著齜牙一笑。「你開什麼玩笑啊？你知道我們代理處從不提供那玩意兒，也不能開先例。」

「我知道。這是爲什麼我不再照看盛先生了。」

「可是他繼續不吃飯很快就會死掉。」

憐憫攥緊了我的心，但我控制住了自己。我說：「他會熬過去的，會適應的。他並不眞正認識我。另外，他的記性就像一只淨是窟窿的水桶。」

「你明白嗎？——如果不爲我們工作，你可能也無法在別的地方找到工作。」

「我決心已定，從現在起我只爲提供養老計畫的公司工作。」

「那你得會說英語。」

「我可以學。」

「到了你這樣的年紀？得了吧。你在這個國家待了多少年了？十年，十一年？你會說幾句英語？五、六句？」

「從現在起我要活得不一樣。如果我學不到足夠的英語來給有工會的公司做工，我寧願挨餓，去死！」

我斬截的語氣一定觸動了他。他嘆了一口氣，接著說：「說老實話，我欣賞你這個勁兒，這股精神，雖然你讓我覺得像是個剝削人的資本家。好吧，祝你好運。如果我能爲你做什麼，儘管打招呼。」

我走出他的辦公室，空氣隨著海鷗的翅膀振動著，充滿烤肉串的香味。樹蔥綠，在陽光中披滿露珠閃閃發亮。我頭有點兒暈，胸中仍然湧動著激情。說實話，我拿不準能不能學會足夠的英語去過不同的生活，但我必須努力。

臨時愛情

麗娜把松球形的蠟燭架放在餐桌上，然後坐到雙人沙發上等潘斌回來。這是他們同居以來她第一回做飯。他倆都結婚了，配偶仍在中國，大約一年前她搬進了潘斌的房子，和他住到一起。他們成了「抗戰夫妻」。這個詞指的是那些因配偶無法來美國而跟別的異性住在一起的男人和女人，同居既是為了互相有個安慰也是為了節省開支。對有的男人來說，這種關係不過是為了不用花錢就能跟女人睡覺，但潘斌從未占麗娜的便宜。他甚至宣稱自己終於被她迷住了，說如果麗娜離開他，他就可能發瘋。即使如此，在這所房子裡他倆各有自己的電話線。每當他和太太說話時，就關上門，而麗娜倒不在乎他聽見自己跟丈夫說些什麼。

外面下著細雨，雨點陣陣地打在凸窗上。麗娜在看晚間新聞，但並沒聽進去節目主持人說些什麼，甚至都沒注意到電視上顯示的摩蘇爾城裡的恐怖景象——一個公共汽車站被自殺炸彈摧毀了。六點鐘左右門開了，潘斌進屋來。他把傘放在角落裡好控乾雨水，對她說：「嗯，好香啊。」他個子挺高，三十四歲，很少相。

麗娜起身去餐桌那邊，告訴他：「我今天回來早些。」她點燃一支蠟燭，把它插在鋼製的松球上。

他看看飯菜。「今天是什麼特殊的日子？是節日？」

「不是。我只是想咱們該慶祝一下。」

「慶祝什麼，慶祝咱倆交朋友兩年了？」他笑起來，這笑話讓自己有點兒不好意思。

「你可以那麼說，不過這也是慶祝咱們分手。來，坐下吃吧。」

他脫掉上衣，狠狠地坐到椅子上，拿起了筷子。「我告訴過你這件事我不考慮。」他說。

「別犯傻了！祖明很快就要來了，我得搬出去。要是他知道咱倆的事，麻煩就大了。」

他嘆了口氣，心事重重地嚼著一塊咖哩雞。他從沒見過她丈夫，可是她經常談起祖明，久而久之潘斌覺得彷彿認識那人有好幾年了。他告訴麗娜：「也許等他安頓下來，我可以跟他談談。」

「不行，千萬別刺激他。他練了好多年功夫，會揍你一頓的。」

「那又怎樣？如果你要跟他離婚，他就得同意。」

「我幹嘛那樣做呢？我搬過來之前，你我都同意只要你妻子或我丈夫一來，咱們的伴侶關係就結束。」

「情況變了。我愛你，你知道。」

「別這麼婆婆媽媽的。來，爲咱們共同度過的美好時光乾杯。」麗娜舉起她那杯夏布利酒，但潘斌卻搖搖頭，沒碰自己的杯子，蒼白的臉繃得很緊。

她放下酒杯，接下來是久久的沉默。

潘斌吃完盤子裡的米飯，站起來說：「謝謝你這頓令人難忘的晚餐。」他上樓去自己的房間，兩腳咚咚地踩著木頭樓梯。

那天夜裡麗娜盼望他來找她，但除了去洗手間洗漱外，他沒出自己的房間。同時她也怕他過來，因爲一旦被他摟進懷裡，她就可能丟了腦筋，什麼願都會許給他，甚至答應他一些根本無法兌現的事情。她記得有一回兩人做愛時，潘斌要她叫他：「老公。」她就叫個不停。過後，她覺得好愧疚，趕緊買了一架數碼相機，託送給丈夫做生日禮物。今天夜裡，儘管害怕失去自制，她仍渴望能跟潘斌最後歡悅一次。等祖明來後，她就得做一個忠心的妻子。

第二天早晨她起床後，發現潘斌已經上班了，連早餐都沒吃。平時他給他倆烤麵包、炒雞蛋、做米粥或芝麻糊，但今天他什麼也沒做，連昨晚的剩菜剩飯也沒碰。她知道可能傷害了他的感情，可是他太不理智。他們有一個書面協定：任何一方在任何時候都可以不經對方同意就了斷他倆之間的關係。從一開始他們都明白兩人住到一起完全是出於各自的方便和需要。

在報稅所裡，她一整天都心不在焉，甚至跟一個老主顧拌起嘴來；那人抱怨麗娜給他塡稅表時沒扣除足夠的業務花銷。他是一個倉庫的監工，但要求扣除八千多美元的款項，其中包括名牌西裝、皮鞋、一台電腦、書籍、雜誌、落地燈、電池，甚至一對啞鈴。麗娜說這是欺騙稅務局。那個粗脖頸的老傢伙火了，說他要去另一家報稅所，肯定能得到更好的服務。不知爲什麼，一陣難過的情緒湧上麗娜的心頭，差點使她落淚，但她控制住了自己，告訴他：「好吧，隨便你怎麼做。」不管她怎樣努力，就是擠不出笑臉來。

顧客走後，麗娜收拾了一下就下了班。還不到四點，按計畫她今天搬出潘斌的房子。三天前她租了個地方，一個在山福特大街上的單寢室公寓。她想是否應該請人幫她一把，但決定先把所有的東西都包裝好再說。也許她不必一下子把全部行李都搬走。她丈夫要三月底才到，還有兩個星期呢。

她吃了一驚，發現潘斌在家。客廳裡地板上放著她的六個箱子，全都打開了；顯然他在翻查裡面的東西。她譏笑說：「要看看我是不是偷你的財寶了？」

「那倒不是，只是好奇。」他露齒一笑，舉起她的單件式游泳衣。「我從沒見過你穿這個。」他聞了聞。「我可以留下它嗎？」

「一百萬美元。」她咯咯笑了。「我已經結婚了，是有夫之婦。」

潘斌把游泳衣丟回到箱子裡，他說：「坐下。咱們談談。我昨晚腦袋有點兒錯亂，對不起。」

他的歉意使麗娜軟了下來，就在他的對面坐下。她說：「別莽莽撞撞得像個頭腦不清楚的小孩。」

「你知道嗎？我覺得我也是你丈夫。」他臉色嚴肅，有幾分木然。

「咱們的結婚證在哪兒？」她吃吃笑起來，臉頰略微抽搐。

「那不過是張紙。我愛你。我比誰都瞭解你，我知道你的一切，我知道你喜歡什麼，不喜歡什麼，我知道你也愛我。」

「快別這樣說下去了！咱們都結婚了，必須負責任。你能爲另一個女人而扔掉你的老婆孩子嗎？」

「呃，我拿不準。」

「看吧，不要這麼虛僞。咱倆的所作所爲是不對的，我們應該改正過錯，越早越好。說實話，我喜歡你，但在祖明來之前，我必須收心，必須馴服自己的心。」

「告訴我，你還愛他嗎？」

「這與愛情沒關係。我要做他的好妻子。」

「咱們就不能還是朋友嗎？」

「那要看你所想的是什麼樣的朋友。」

「我是說，咱們隔三差五見見面。」

「然後就上床？」

他咧嘴笑了，點頭承認，圓眼睛微微放光。「老實說，我愛你勝過愛我老婆，但我不能跟她離婚，因爲無法把兒子從她手裡奪過來。」

「既然如此咱們現在就分手吧。」她說，不知道他講的是不是眞話。「暫時的痛苦能防止將來的煩惱和糾葛。」

「沒這麼簡單。我不會放你走的。」

「但你沒法留住我。」

「你知道，我有嘴，我可以說話。」

「天啊，你是在威脅我嗎？要是我不繼續當你的情婦，你就會告訴祖明咱倆的好事，對吧？」

他沒回答，一個難爲的笑容浮現在他臉上，他眼角閃出兩片扇形的細皺紋。他長長地嘆了一口氣。

不清楚他是否剛對她發出警告，麗娜心裡不痛快，去到廚房要打電話叫一輛計程車。他跟了過來，隨手按下了電話上的鉤鍵。「你知道我仍舊是你的司機和苦力。」他說，苦笑了一下，兩眼暗淡。

她想說他現在自由了，但話到嘴邊卻無法開口。他們一起把她的箱子搬到他泊在車道上的越野車上。

對麗娜來說獨自生活已經不容易了。她習慣了潘斌的大房子，習慣了那寬敞的客廳，那舒服的床和他燒的飯菜。他倆在一起時，潘斌不讓她做飯，因爲她抱怨油煙會弄髒、弄老她的皮膚。他開玩笑說她是懶骨頭，但他把廚房裡的活兒接過來，也挺喜歡做。如今住在自己的公寓裡，麗娜事事必須親自動手。有時候她不做晚飯，而去熟食店買回一兩樣東西。自從搬出來，她就盼望潘斌來電話，但他從沒打過來。也許他仍在生氣，像俗話說的那樣：「有多愛就有多恨」。可他不是單身漢，不應該這樣對她，彷彿她甩掉了他，耽誤了他。有幾回她想給他打電話，問問他過得怎樣；一次她甚至撥了他的號碼，但鈴響到第二下時，她又掛上了。要是她能把他關在心外邊就好了。要是她工作的地方不在法拉盛市中心，她就不必每天上班都路過他的軟體公司的那棟樓。每當走在那條街上，她就害怕碰見他。

她丈夫三月二十四號來了。她去甘乃迪機場接他。四年沒見面，他變了一點兒，胖了一些，臉也寬了，目光疲憊，可能是由於坐了二十小時的飛機。他們擁抱時，她親了一下他的臉頰，但他沒有回吻。他只是笑著說：「嘿，咱們在公共場合。」他的聲音仍舊響亮，雖然不如以前那麼熱烈。她總是喜歡他雄勁的語音，它有時候聽上去無所畏懼，甚至有點兒強橫。她注意到祖明兩鬢生了少許白髮，雖然他才三十三，比她大兩歲。這幾年他一定操了不少心。兩人一起把行李拎出機場，排隊等計程車。

麗娜已經買了生餃子。從機場回來，她坐上鍋水準備下餃子。祖明沒帶很多東西；按照她的建議，他的一只旅行箱裡塞滿了書，因爲書在美國要貴三倍。她很高興，看到這些對他倆都有用的新詞典和自助書。在電話上祖明說了好幾回他希望來這裡讀研究生，但麗娜沒置可否。

祖明聽了一位來過美國的朋友的勸告，除了書，還帶來六條大紅鷹香菸。他點上一支菸，貪婪地吸起來。他對麗娜說：「我一路上不能抽菸，都快憋瘋了。」

他吞吐煙霧，讓她緊張。她想告訴他到外面去抽，但忍住沒說。丈夫初來乍到，麗娜想儘量讓他開心。她把半杯涼水點進滾開的鍋裡，好讓餃餡兒大煮一煮。她蓋上鍋，轉過身對他笑了笑。「我眞高興你終於來到了紐約。」她說。「吃完飯後，你該沖個澡，然後上床休息。你一定累壞了。」

「我還好。」他猜疑地看她一眼，好像在琢磨那張全尺寸的床能不能睡下他們兩人。

「我想你坐了那麼長時間的飛機，需要好好休息。」她解釋說。

「等一會兒再說吧。」他歪歪大腦袋，寬厚的下巴翹向一邊，兩縷煙鬚從鼻孔竄出來。

他喜歡韭菜豬肉餃子，就著大蒜吃得有滋有味。麗娜不在意他那樣吃，自己已經一年多沒嘗生蒜了，因爲潘斌是江蘇人，受不了蒜味。她給祖明剝了幾瓣，自己也吃了一塊。她發現它眞地很可口。她想要提醒祖明吃完蒜後刷刷牙，但決定以後再提這事。也許她該給他買些口香糖或薄荷糖。

「咱們這兒沒有酒嗎？」祖明問，舔了舔牙齒。

「沒有，只有些料酒。」她回答說。

「那沒法喝。」

「要不我下樓去小鋪買一瓶？」

「不用，不用，別麻煩了。我反正不喜歡美國酒。」

一架客機從頭頂飛過，噪音大得連天花板都似乎在震動。他倆停止說話。等天空靜了下來，他說：「媽呀，你怎麼能睡覺，飛機就在頭頂上起落？」

「它們夜裡不通過住宅區。」她笑起來。

「那還可以。」

他們繼續吃著飯，祖明告訴她兩邊家裡的情況。他父親剛退休，可能要跟他母親和街坊裡的幾位退休的人一起開一個托兒所。他父母要麗娜給他們生幾個孫子孫女。他強調「幾個」，就是說他們知道美國沒有一胎政策。至於她父母，她媽想死她了，逢人就提起獨生女兒，甚至對陌生人也絮叨。麗娜中了風的父親的病情好多了，雖然他還不能開他的計程車，不得不把車租給一個年輕人。他倆說著說著，麗娜覺得消沉起來，不是因爲消息糟糕而是因爲雖然遠隔一片海洋和大陸，兩家的重負忽然落回到她心頭上。她還年輕，可是一想起自己的家人她就覺得像變成了個老女人。

她告訴丈夫：「我們安頓下來之前養不起孩子。」

「我明白。咱們還有個大坡要爬呢。」

那天夜裡祖明堅持要做愛，麗娜也願意。完事後，丈夫睡了過去，而她卻好幾個小時都睡不著，聽著他打呼嚕。雖然聲音不大，但像隻破風扇。

第二個星期祖明每天都出去，好熟悉這一帶的情況。他也在公共圖書館裡待了許多小時，收集有關商學院的資訊。他告訴麗娜他要讀工商管理碩士，發現這裡掙小錢容易掙大錢難。「說不定哪天我會在華爾街上班呢。」他笑著說。

她不願意給他洩氣，但心裡發愁。和潘斌住在一起時，她每月只付兩百美元的飯錢和水電費，因為他拒絕收她的房租。如今她的花銷大多了。她在報稅所的工作不穩定；填報季節很快就要結束了，夏天和秋天都將是淡季。她怎樣才能掙到足夠的錢來養活祖明和自己呢？

一天傍晚她告訴他：「我覺得你今年不該去讀商學院。」

「我得讀。」他堅定的語氣讓她吃驚。

「為什麼？我拿不準能不能有穩定的工作。咱們上哪兒去弄學費？」

「你不是在銀行裡存了四萬美元嗎？」

「我跟你說過，咱們不能動那筆錢。咱們得買一個公寓，那是必須付的頭款。」

「噢，我無法確定咱們該不該在這裡買自己的住處。不管怎樣，我必須拿到工商管理碩士。」

「你不應該這麼急。」

「我今年就要試試。這是你欠我的。」

「爲什麼?你怎麼這麼固執?」

「你還不明白嗎?」他的臉拉長了,目光灼灼。

「明白什麼?」

「你跟一個叫潘斌的人同居過。」

她蒙了,心裡翻騰起來。他怎麼知道的?聽潘斌說的?除了他還會有別人出賣她嗎?「你——你怎麼知道的?」她結巴地問。

「有人告訴過我。」

「誰?」

「那不重要。如果你要良心安寧,你就不該亂跟別人睡覺。」

她哭了起來,用窄小的手捂著臉。此時,祖明仰靠在單人沙發上,嘴裡叼著一支鉛筆,繼續讀詞典。他必須通過托福考試才能進商學院。

她的抽泣聲使屋裡更靜了。

過了一會兒,她說:「祖明,對不起。請原諒我。我是個弱女人,在這裡需要一個男人的幫助。

你也看到了這裡的生活多麼艱難，每個人都忙得要命，都把別人當作陌生人。我曾經又苦悶又孤獨，覺得都快要喪失理智了。一到週末，我就更沮喪，關在屋裡像隻病貓病狗。一看見小孩我就想要摸摸他們，甚至想像怎樣把他們從媽媽身邊偷走。我要生活！我要正常地生活。潘斌安慰了我，幫助了我，不論在感情上還是在物質上。說實話，要是沒有他我可能已經瘋了或死掉了。沒有他的幫助，至少我不能爲咱們攢那麼多錢。」

祖明坐起來，從嘴上拿下鉛筆。「老天在上，四年裡我沒碰過任何女人，雖然我有過機會。你爸爸中風的時候，一連三個月我每天夜裡去照顧他，騎車子頂風冒雪去醫院。不管我多麼苦悶，多麼沮喪，我都得照料你家和我家。不要用你的苦難爲自己開脫。我受的罪不比你少。」

現在她明白了可能不得不讓祖明去讀商學院。這意味著她必須花光自己的儲蓄。可沒有別的辦法來安撫他，使他不向公公婆婆透露她的事，從而不讓她自己的父母丟臉。

那天夜裡，她睡不著，也沒把他的手從自己的兩腿間移開。儘管懼怕他的火氣，她認爲必須跟他在一塊兒。她也想起潘斌，依然覺得那人太伶俐，太圓滑。她揣摩丈夫是怎麼知道那事的。她越想越確信是潘斌告的密。她回憶起他的警告——「我有嘴，我可以說話。」顯然他出賣了她。潘斌怎麼能那麼報仇心切呢？那麼無所顧忌呢？他是個大騙子，口口聲聲說他多麼愛她。如果他心裡眞有她，就不會從背後捅她一刀。

這件事沒完。她不會就這麼便宜了他。

她兩天後給潘斌打了電話，說要見他一面。他聽上去很高興，雖然聲音有點疲倦，不太熱情。他同意在王子街上的卡拉ＯＫ俱樂部裡見面。

他提前到了，租了一個小房間。幾分鐘後麗娜來了。看見他要的啤酒、各種果仁、水果沙拉，她皺起眉頭，沒說話就坐了下來。潘斌齜牙笑笑，嘴唇沒有血色，兩眼卻發紅。「出了什麼事？」他問。

「我沒想到你這麼卑鄙，叫人噁心。」

「你說些什麼？」他停止嚼果仁，凝視著她。

「你在我丈夫面前告了我一狀。」

「沒有，我沒那樣做！」他的十指在腿上交叉到一起。「不過他知道了也沒關係。事情早晚要曝光的。你打算怎麼辦？」

「要是有一家商學院接收他，我就得花光所有的存款替他付學費。告訴我，你都跟他說了些什麼？」

「我不認識他。你爲什麼不相信我呢？」

「但你可以給他打電話或寫電子郵件。我知道你一肚子鬼點子，但從沒想到你會成爲告密的人。」

「等等。我跟祖明沒有任何聯繫。不要把禍水全洩到我身上。」他嘆了口氣，繼續說：「其實，我也夠狼狽的。」他從褲袋裡掏出一個信封，放到咖啡桌上。「我老婆來的，她要離婚。」

麗娜吃了一驚，想打開看看，但忍住沒碰那信。現在她覺得潘斌可能是清白的——他明顯地被妻子的要求折磨得不輕。麗娜說：「那誰會告發咱倆呢？」

「我們不像別的『抗戰夫妻』，從來沒設法掩蓋咱們的關係。任何看不慣你我的人都會告發咱們。這個世界上從來不缺少衛道士。我老婆也知道了咱倆的好事，用它作爲離婚的理由。顯然家裡那邊的人都同情她，她肯定能拿到孩子的監護權。」

麗娜覺得糟透了，知道他多麼愛他六歲的兒子。她再沒有心思挖掘告密者了。不管那人是誰，有什麼用呢？損害已經造成了，無法補救了。

「你太太什麼時候發現的？」她問，喝了一口剛擰開的啤酒。

「看起來老早就知道了。她說愛上了一個建築師，那人許諾一定對我的孩子視如己出。他們已經熱乎好久了。這一定是爲什麼她總給我各種各樣的藉口說無法來這裡。你丈夫知道了咱們的事有多久了？」

「他不告訴我。他沒來之前就一定計畫好了各個步驟。」

「明白了吧？我跟你說過別費太大勁把他弄出國來。」

「我要保住我的婚姻。」

「你就是不能把脖子從過去的枷鎖裡掙脫出來。」

「你能嗎？」

「我會盡力掙脫。」

她嘆了口氣。對我來說已經晚了，她想。她打算和潘斌多聊聊，聽聽他有什麼建議能幫她應付困境，但麗娜怕他利用這個機會把她的婚姻給毀掉。她心裡對他仍有疑慮。

一連幾星期麗娜在找工作，而她丈夫每天都在死背硬記，準備考試。週末她在家，於是祖明就去圖書館，說得集中精力。他包上一個雞蛋三明治做午飯，還抓上一把巧克力。在國內他修過經濟學的研究生課，所以對考試的內容多少有些熟悉。他的主要障礙是英語，不過他決心要攻克它。在某種程度上麗娜讚賞他爲實現自己的雄心而拚命努力。從一開始跟他談戀愛，她就喜歡他的樂觀精神和吃苦的能力。有一次他暈倒在公共廁所裡——他蹲在便池上研究一個數學公式，太集中精力了。那年他是縣裡唯一被北京的一所大學錄取的考生。

五月到了，麗娜在一家律師事務所找到了一份會計的工作。她很高興，也鬆了口氣。儘管如此，祖明仍不顧一切要去讀商學院，這讓她坐立不安。她準備爲他付學費，雖然可能必須借些錢。但拿到了工商管理碩士後他會做什麼？他還會要這個家嗎？今後兩年中什麼事都可能發生。要是他碰到自己喜歡的女人並和她熱戀起來，就可能提出離婚。祖明一定是在等這樣的機會，同時又從不忠的妻子身上擠出每一滴油水。麗娜越想將來的事就越發焦慮。有時候她覺得丈夫鄙視她。在北京時，她曾打算等他倆生活安頓下來，就給他生個孩子，而現在她不願那麼做了。

夜裡他們同床，他每星期和她做一兩次愛。她並不喜歡那事，不在乎他不理她。每回床笫之歡後她倒難受起來，聽著丈夫打呼嚕，覺得被用夠了。有時候祖明牙咬得很響，還低語說些她聽不明白的話。她尋思丈夫是否覺得她骯髒，爛透了，被另一個男人的色欲給玷污了。祖明狡猾而又神祕，一定懷揣好幾個計畫，從來不對任何人透露。他們做愛時，他有時很粗魯，好像故意要傷害她。這使她想起潘斌，那人更體貼，想得更周到。他讓她一心要敞開自己，放縱情欲。有時候她想給祖明介紹本書，比如《性福》或《她先來》；這些書都可以從圖書館借到，但她不敢開口，怕丈夫認爲她不要臉。

她提出他們分開睡，祖明不反對。他竟然認可了，這讓麗娜更相信他遲早會離開她。即便如此，她仍願意爲他付學費，權當是賠罪。她並不後悔讓祖明來這裡，雖然覺得跟潘斌急忙就了斷了可能是個錯誤。

這些日子，她給潘斌的班上打了好幾次電話，但他從來不接，也不給她打回來。可是有一天他還眞接了電話。他冷冰冰的，慢條斯理地說他沒有時間多談，老闆在樓上等他呢。

「你還好嗎？」她幾乎膽怯地問。

「還活著。」他聽上去尖刻而又氣惱，讓她心頭一緊。

就在麗娜繼續說下去時，他打斷她的話。「我必須去了。」

「我這個星期還可以給你打電話嗎？」

「你不是說過咱倆已經了斷了嗎？我不再想要個情婦了。我想要個老婆，要一個家。」

她默默無語，知道他的婚姻可能結束了。沒等她開口詢問，他就掛上了電話。她淚汪汪地跑進律師事務所的洗手間去平靜一下。

後來通過一位共同的朋友，她瞭解到潘斌同意了跟妻子離婚，孩子的監護權也給了她。過去的五年裡他給妻子寄了七萬多美元，把她變成了富婆；她付清了房屋貸款後，還在銀行裡存了可觀的一筆錢。潘斌沮喪極了，這些日子很少出門，除非是上班去。麗娜還聽說有人給他介紹過幾位年輕的女人，但他拒絕跟她們見面。他好像變了，刻意躲避從前認識的人。

各門考試完畢後，祖明很快就在帕森斯大道上的武堂裡找到一份工作。他們雇他做助理教練，主要輔導一個太極拳班。麗娜很驚奇，雖然那只是個兼職工作，在班上祖明還得拖地板和刷廁所。他知道怎樣生存，充滿生命力。

六月下旬，路易斯安納州的一所大學發來通知，它的一年制工商管理專業接收了他。麗娜知道祖明原計畫要念更好的學校，但他錯過了大部分的申請期限。他急切地接受了這個遲遲而來的機會，準備去那裡。麗娜覺得丈夫開始離開她了。他到了新奧爾良後會發生什麼事？拿到學位後他會去哪裡？回中國去？在那邊他已經建立了不少業務關係，而且美國的工商管理碩士也很值錢。但他不太可能回去。他也許會在這裡重新開始，雖然華爾街對他來說遙不可及。

麗娜覺得窩囊，但沒法跟別人訴說。如果潘斌還在身邊就好了。他以前總是靜靜地細聽她傾吐，有時安靜得讓她以爲他睡著了。然後，他就幫她想辦法，該做什麼或該找誰。儘管學的是電腦專業，他滿肚子計策，喜歡閱讀實用哲學，尤其是馬基維利主義和一部現代的關於處世之道的著作：《厚黑學》。

七月初的星期六下午，麗娜沖了個涼，讓長髮披落在肩上，穿上一條淡藍色的套裙好讓自己纖美的腰肢更顯眼。她出門去了潘斌那裡，裝作只是路過。他打開門，好像吃了一驚，但把她讓進屋去。他瘦了許多，不過和從前一樣有精神。

「喝茶還是咖啡？」他們進入客廳後，他問。

「咖啡，謝謝啦。」麗娜在雙人沙發上坐下，覺得這沙發好熟，彷彿是屬於她的。帶有凸窗的客廳跟從前相同，除了地板之外，上面剛打了蠟，處處鋥亮。看來潘斌過得不錯。

他把一杯咖啡放在她面前，坐了下來。「咳，你爲什麼來看我呢？」他淡淡地問。

「這違法嗎？」她橢圓的臉龐微微傾斜，下巴指向他；她笑了，嘴唇稍微捲起。

「我以爲你已經跟我沒有瓜葛了。」

「我仍惦記著你。」

「沒必要。我堅強著呢，知道怎樣活下去。」

「祖明幾週後就去新奧爾良。」

「那又怎樣？跟我有什麼關係？」

她噗哧笑了。「你不是說過你也是我的丈夫嗎？」

「那是四個月前，那時我還有家。」

「現在你對我的感情不一樣了？」

「情況變了，我也變了。我老婆找到了心上人，把我兒子也奪走了。她差點整死我，但我活過來了，跟從前不一樣了。」

「多麼不一樣呢？」

「下星期我去基輔見我的女朋友。」

「你的女朋友?」

「對,我在網上認識的。」

麗娜忍不住嘲弄說:「你要成爲一個國際色迷嗎?」

「噢,你也可以稱我爲世界花花公子,我才不在乎呢。從今以後我絕不再跟中國女人拉扯。眞夠了——每個中國人都背著那麼重的過去,這行李太沉了,我不願分擔。我要尋求跟過去沒有關係的生活。」

「沒有過去,你怎麼能弄明白現在呢?」

「我終於確信人必須拋掉過去才能活下去。扔掉你的過去,想都不要想它,就像它從來沒存在過。」

「那怎麼可能呢?你從哪兒學來的這套瘋話?」

「這就是我要的生活方式,是唯一能活下去的方式。如果你不那麼顧及你跟過去的聯繫,你就不會離開我,對吧?這就是爲什麼我要和一個烏克蘭女人戀愛。她眞地很漂亮。」

「她不過是想拿綠卡,不會對一個黃種人有眞心。即使她同意嫁給你,也不可能爲你生孩子。對了,也許一旦你玩夠了她,就會把她扔掉。」

「那不是你應當操心的事。你不是那樣處理掉我的嗎？不管怎樣，你不該光想我女朋友的壞處。我相信名字。你聽說過名叫奧爾加的女人是個冒險家兼淘金者嗎？」

她笑起來。「你眞傻。你還沒見過她呢，就說她是你的女友。她沒有兄弟姊妹嗎？」

「有一個弟弟，她跟我說過。」

「她沒有父母嗎？」

「有，還有外婆和外公。」

「看吧，那些不都是行李嗎？跟我們的過去不是一樣嗎？」

他一時說不出話來，看了看手錶，站了起來。「我得到聯合郵遞公司去。」

她也站了起來，沒開口說希望繼續做他的朋友，但卻說十分懷念他做的飯菜。他對這話沒有反應。麗娜端起涼了的咖啡，一口全喝乾了，然後無聲無語地走出他的房子。她不清楚他對奧爾加有多少眞心，也不知道他是否眞買了去基輔的機票。大概他目前做事不得不有些出格。無論他做什麼，她希望他別搞得太荒唐。

櫻花樹後的房子

室友搬走後，我擔心陳太太會漲房租。我一直租用半間屋子，每月付三百美元。如果房東要我多付錢，我就不得不另找住處。我喜歡這座殖民式的房子。房前長著一棵巨大的櫻花樹，細枝垂擺，雖然已是初夏，開花季節已過，仍然引來許多鳥，給人田園的感覺。房子靠近法拉盛市中心，你可以聽到緬因街上交通的嗡嗡聲。這裡離我幹活的地方也不遠，去哪兒都很方便。陳太太住在一樓，我住在二樓，同層還住著三個女人。我以前的室友是個木匠徒工，他剛搬走了，原因是三個女房友都是妓女，經常在這裡接客。說實話，這也讓我不太舒服，但我已經熟悉了那些姑娘，尤其喜歡小巧的阿虹。她二十出頭，是越籍華人；她父母三十多年前從中國遷居到堤岸市，那裡的房地產在西貢垮臺後便宜了許多。還有，我初到紐約，孤身一人有時很難受。

如我所料，那天傍晚陳太太上樓來了；她身材粗短，鼻子旁邊長著一個大痦子。她坐下來，拍拍染黑的頭髮，對我說：「萬平，現在你一個人用這間屋子，我們該談談房租吧。」

「我沒法比現在付得更多啦。你可以再招一個房客。」我朝她身後的空床擺擺手。

「嗯，我可以登個廣告，不過我另有打算。」她衝我探探身。

我沒吭聲。我不喜歡這個福建女人，覺得她太油滑。她繼續說：「你有駕照嗎？」

「我有北卡羅來納州的駕照，但不知道能不能在這裡開車。」有段時候我曾為夏洛特市外的一家農場運送過蔬菜。

「那不是問題。你可以把它換成紐約的駕照——容易得很。車輛登記處就在附近。」她笑笑，露出豁牙。

「你要我做什麼？」我問。

「我不多收你房租。你可以一個人用這間屋子，不過我希望姑娘們晚上有外客時，你能開車接送她們。」

我儘量保持冷靜，回答說：「那合法嗎？」

她咯咯笑起來。「別怕。姑娘們去酒店和私宅，不會有警察衝進去的——很安全。」

「我每星期得開多少次？」

「不經常，最多四、五次。」

「你也為姑娘們付飯錢吧？」

「對，除了長途電話外，什麼都包了。」

我終於明白了爲什麼我的女房友們總在一起吃飯。「好吧，我晚上可以給她們開車，但只能在皇后區和布魯克林區。曼哈頓太可怕了。」

她尖笑了一聲。「沒問題。我不會讓她們去那麼遠的。」

「另外，我幹活的時候能跟她們一起吃飯嗎？」

「當然可以。我會吩咐她們的。」

「謝謝。」我停頓了一下。「說實話，這裡有時候眞孤單。」

一個狡猾的笑容掠過她的臉。「你可以和姑娘們玩玩嘛——她們會給你優惠價的。」

我不知道怎樣回答。離開前，她要求我對這一切保密，她需要我幫忙是因爲想讓她們出去時覺得安全。嫖客們如果知道有個司機專供妓女差遣，就會高看她一眼，對她好些。我瞧見過車庫裡的黑奧迪。好幾個月沒開車了，我眞懷念汽車曾給我帶來的自由感覺，好像如果高速公路上前面沒有車，我就能騰空飛起。所以我挺盼望開車帶著女人們出去跑跑。

房東離開後，我站在窗臺旁，面對前街。櫻花樹冠紋絲不動，足有四十多英尺高，一大團枝葉茸乎乎的，由繁星點點的天空襯托著。遠處，一架飛機——一串燈火——無聲地從幾片爛布般的雲彩間穿過。我知道陳太太給我的活兒會把我捲入非法的事情，可我並不擔心。我習慣了生活在妓女們中間。最初我琢磨出她們做什麼行當時，我也打算像以前的室友那樣一走了之，但找不到離我工作地點近的地方——我在一家衣廠做熨燙工。此外，一旦熟悉了一點兒那些女人，我意識到她們並不像人們說的那樣，不是「吸血鬼」。她們和別人一樣，必須幹活謀生。

我也在賣自己。每個工作日我站在桌前熨布料接縫、褲腰、衣領和袖口。地下室裡又悶又熱，空調機至少用了十幾年了，光大聲叫著，不出冷氣。我們爲曼哈頓的服裝店製作高檔衣服，每一件出廠前必須熨得板板正正。

誰能料到我會陷進一家血汗工廠呢？父母的上封信又催我快上大學。但我考不過去托福。我弟弟比我強，剛考進獸醫學校，我寄回去三千美元給他做學費。要是來美國前學個手藝就好了，比如管道工，或房屋修建，或氣功。做什麼都會比熨衣服強。

這家妓院沒有名字。我有一回在廚房裡看到一份報紙上的廣告：「夢中天使——亞洲各國女孩，身材美妙，熱情溫柔。」除了電話號碼，上面沒給別的聯絡資訊，而且那是三位女人合用的電話。見到那個廣告，我差點笑出來，因爲她們三個都是中國人。當然，阿虹可以算做越南人，越南話是她的母語。娜娜從香港來，說普通話有口音，可以裝作馬來西亞人或新加坡人。但高個子的莉莉是上海來的大學生，雖然英語說得好，她裡裡外外都是中國人。這裡的電話全由她接。我估計暑期一結束她就會返校，那樣陳太太就得另請一位二十幾歲的姑娘，並要找英語說得流利的。不過，我拿不準我的房東是不是她們眞正的老闆。女人們經常提起一個叫老鱷的人。我從沒見過那傢伙，但聽說他在這一帶擁有一些見不得人的生意。

我喜歡跟房友們一起吃飯。晚餐比較晚，通常在八點左右，但這對我倒挺合適，因爲我一般七點才能離開工廠。除我之外，經常還有別的男人跟她們吃晚飯——嫖客們可以免費用餐。吃的都是些家常飯——白米飯和兩三個菜，一個是炒肉或燉肉，其餘是蔬菜。有時她們做一個海鮮來替代素菜。但湯是每頓必有的，常常是菠菜湯，或水芹湯，或筍片湯，總要加些海米、豆腐或蛋花，甚至鍋巴。三個女人輪流做飯，每人一天，要是哪位忙著接客，另一位就替她下廚。有些嫖客留戀桌上的氣氛，屁股特沉，一坐就是幾個鐘頭，拉家常或侃大山。

只要桌上有另一個男人，我就默不作聲，儘快把飯吃完，退回到自己的房間裡，自個兒看看電視，或玩玩紙牌，或翻翻雜誌。但是，當桌上只有我一個男人時，我就儘量多待一會兒。女人們好像喜歡我在她們身邊，經常開我的玩笑。阿虹不僅長得最漂亮，而且廚藝最好，不用很多佐料，而莉莉用糖太多，娜娜什麼都要用油炸。一天阿虹燉了一條大鯧魚，炒了芹菜土豆絲——兩個菜都是我最喜歡的，雖然我從沒對她說過。那天晚上她們都沒有客人，所以七點半開飯，大家不緊不慢地吃起來。

娜娜告訴我們：「今天下午我接了一個傢伙，他說女友剛把他甩了。他在我房間裡哭了，讓我好爲難，不知道該怎樣安慰他。我只能說：『這事你應該想得開。』」

「他付你錢了嗎？」莉莉問。

「當然了，他給了我八十美元，什麼也沒做。」

「嗯，我不明白他爲啥來這裡。」我說。

「也許要找個人聊聊。」阿虹插了一句。

「誰知道呢？」莉莉說。「可能他要看看能不能和別的姑娘做那事。男人都是軟蛋，身邊沒女人就活不下去。」

我從來就不喜歡莉莉，她跟我說話時總是半合著眼，好像不願多費神。我說：「單身漢到處都是，大多數活得挺好。」

「像你這樣。」娜娜插嘴說，咯咯笑起來。

「我單身是因爲太窮，娶不起老婆。」我坦白說。

「你有女朋友嗎？」阿虹問。

「還沒有。」

「那麼我要不是幹這行，你願意和我拍拖嗎？」娜娜問，鵝蛋形的臉繃得緊緊。

「你的品位對我來說太貴了。」我說，笑了起來，雖然只是半開玩笑。

她們都笑了。娜娜繼續說：「別傻了，我會給你一個大優惠。」

「我可不能沾你的便宜。」

我的話又讓她們大笑起來。不過我說的是實話。如果我跟她們中一人上床，就得也跟另外兩人睡，那樣花銷太大，而且很難在她們之間保持平衡的關係。另外，我拿不準她們是否都乾淨、健康。即使她們沒病，我也不喜歡莉莉。最好還是別陷進去。

這時電話響了，莉莉拿起話筒。「你好，寶貝，我能爲你做什麼？」她用甜蜜蜜的語調說。

我繼續吃飯，好像不感興趣，但仔細地聽著。莉莉告訴對方：「我們這裡有好多亞洲女孩。你想要什麼樣的呢，先生？……是呀，我們有……當然漂亮啦，個個都漂亮。……至少一百二。……哦，那是你和小姐之間的事，先生。……等等，讓我記一下。」她抓起筆，開始寫下地址。此時阿虹和娜娜吃完了飯，知道她們其中一人得出去見客。

莉莉對話筒說：「明白了。她半小時內就到。……絕對啦，先生。謝謝，再見。」

掛上電話，莉莉轉過身說：「阿虹，該你去。那人姓韓。他要一位泰國小姐。」

「我不會說泰國話呀！」

「說幾句越南話，讓他聽明白你不是從中國來的。只要你能迷住他，他才分不清你是哪國人呢。」

阿虹回到她的房間去刷牙並打扮一番，莉莉遞給我一張紙條，上面寫著我們要去的地點——雙喜酒店裡的一個房間。我知道怎樣去，開車送過她們幾回。我戴上棕色的鴨舌帽，帽簷兒半掩著我的眼睛。

幾分鐘後阿虹出來了，準備動身。「哇，你好漂亮啊！」我說，十分驚異。

「是麼？」她抬起胳膊，微微轉身讓我從側面看看。她腰肢輕盈，腰根凹了進去。

「像隻小狐狸。」我說。

她拍了一下我的胳膊。她身著乳白色的迷你裙，塗了口紅，但她更像是一個畫壞了妝的小女孩，臉蛋兒比她嬌小但曲線清秀的身材要老成些。她肩頭挎著斜紋布錢包，走起來兩腿和臀部微微扭動，好像就要跳起來。我們一道下樓去了車庫。

酒店坐落在一條繁忙的街上，兩輛大巴士停在正門前面，其中一輛仍從尾部排著廢氣。一群遊客在收取他們的行李，一位導遊衝他們喊叫，要大家一起進去登記住店。我找到一個安靜的街角，停下來讓阿虹下車。「如果要我上樓去就給我打電話。」我對她說。「我在這裡等你。」

「謝謝啦。」她關上車門，漫步走開，像是酒店的住客。

我仰靠著座背，想打個盹兒，心卻沉了下來。她年輕美麗，不應該這樣出賣自己。是的，她不得不定期給父母寄錢，但有的是別的辦法謀生啊。她不笨不傻，可以學會一種體面的行業。她在越南念完高中，會說些英語。我從飯桌上得知她是非法居民，而娜娜有加拿大綠卡，莉莉持學生簽證。她們的確能掙些錢，但絕不像報紙上招聘按摩師的廣告所許諾的那樣：「月薪兩萬以上。」通常，上門來的嫖客付她們一百美元，其中四十美元歸陳太太。有時候客人會給她們些小費，在二十到六十美元之間。娜娜削瘦，相貌平平，嘴有點兒癟，所以她給來客開的價是八十美元，除非來訪者是老男人，有現金揮霍。碰上好日子，她們付了房東後，每人每天能掙兩百多。偶爾有些可惡的顧客不但不給小費，而且還順手牽羊。莉莉有一回丟了一對銀手鐲，被一個自稱也來自上海的傢伙偷走了。

我跟阿虹打聽過出入酒店和私宅的情況。她說每次能比在家中接客多掙三四十美元，但危險也大些。一天晚上我開車送她到國際旅店，去見一位嫖客；到達時她發現套間裡有兩個男人。她要轉身離開，但他們把她拽了進去，狠狠地折騰了她一通，使她覺得兩條腿都不是自己的了。她只好脫下高跟鞋，光著腳走回到車裡。回去的路上她哭了一道。她第二天病了，但不能去診所，因爲沒有健康保險。我建議她去陽光藥鋪見梁大夫。她花了十美元會診費；老醫生給她號了脈，說她腎虛，肝火也太盛。他開了副草藥，幫她康復了。後來我要陪她進酒店並在走廊裡等她，但她不讓，說那樣太惹眼。

我在車裡睡不著，心裡想著阿虹。她在裡面見什麼樣的人？她還好嗎？要是那嫖客年輕英俊，她喜歡跟他做嗎？她做起來像個婊子嗎？有時候我夜裡睡不著，心裡胡亂地想著她，但白天清醒時，我總和她保持距離。我明白自己只是個血汗工廠裡的熨燙工，細胳膊細腿，其貌不揚，也許根本貼不上好模好樣的姑娘，但找個蕩婦做女朋友也實在太丟人了。頂多我可以是阿虹的好朋友。

今晚有點兒蹊蹺——她不到五十分鐘就回來了。看見她完整地回來，我很高興，雖然她兩眼淚汪汪的，放著堅硬的光芒。她側身滑到乘客的座位上，我啓動車，離開了路邊。「怎麼樣？沒事吧？」我問，擔心嫖客發現她不是泰國人。

「又倒楣了。」她說。

「怎麼了？」

「那人是北京來的官員。他要我給他開個收據，就說我賣給他藥品什麼的。我上哪兒去給他弄收據啊？神經病！」

「他跟你砍價了嗎？」

「那倒沒有，可他把我的乳頭咬得好狠呀，肯定流血了。回去我得趕緊塗些碘酒。我的客人會以爲我染上了什麼病。」

我嘆了口氣，不知道該怎樣回答。穿過三十七大街時，我說：「你就不能做一種不這麼危險的行當嗎？」

「你給我找份工作，我一定幹。」

這話讓我啞口無言。她把一張十元美鈔塞到我手中，這是女人們默認的規矩——每回我開車送她們，給我同樣的小費。實際上，只有阿虹和娜娜這麼做，因爲莉莉不出門見客。

我謝謝阿虹，把錢放進襯衣兜裡。

三個姑娘常常比較她們的顧客。她們都認爲最好的客人是老男人。上年紀的嫖客一般不胡來，比較容易滿足。他們中許多人根本就硬不起來，更多的時間用來說髒話過嘴癮，不太動眞格的。這些老色鬼會出手大方，因爲他們個人的「小金庫」裡有更多的閒錢，而且太太又不知道。老傢伙們不常在這裡用餐。他們中有的是陳太太的朋友，要是這樣，姑娘們就得對他們貴賓伺候，甚至給他們用偉哥。聽說她們那麼做，我吃了一驚。

「偉哥？」我對阿虹詢問起六十多歲的、彎腰駝背的佟先生。「你不怕他來個心臟病發作嗎？」

「只用半片，沒關係。陳太太交代過，他總需要額外幫助。」

「還有，他錢付得多。」娜娜說。「莉莉他今天給了你兩百嗎？」

「一百八。」莉莉回答說。

「他沒有太太嗎？」我問。

「沒有了。她老早就死了。」阿虹說，掰開一個五香花生。

「他爲啥不再娶一位呢？」我接著問。「至少找一個能照料他的女人。」

娜娜嘆了一口氣。「錢財是萬惡之源。他太富了，找不到自己可以信任的女人了。」

阿虹加了一句：「聽說他有好幾家餐館。」

「他也擁有你們的血汗工廠，萬平。」娜娜兩眼盯著我，好像強忍著不笑出來。

「不對，才不是他的呢。」我回敬一句。「我們廠的老闆是個從香港來的女孩，名叫妮妮。」

她們大笑起來。其實，我們衣廠的老闆是台灣人，沒來美國之前，他曾在大學裡教書。

很多嫖客都是已婚的男人。他們不願意在情婦身上花錢費心，怕捅出樓子把自己的婚姻給毀了。所以他們表面上一本正經，背地裡卻沉迷於女色。一天，阿虹說一個中年客人說他快兩年沒有性事了，因爲太太病得厲害。阿虹勸他常來光顧，起碼兩週一次，這樣可以恢復他的性生活。像他現在這樣，根本就不行。「他是個好人。」阿虹對我們說。「他跟我什麼也不能做，光說對不起太太，但他照樣付給了我錢。」

「那他根本不該來逛妓院。」莉莉說。

我看得出來阿虹和娜娜也不喜歡莉莉。她經常抱怨東西丟了，有一回責怪娜娜偷偷用她的手機給舊金山的什麼人打電話。她倆大吵了一場，一連好幾天都互相不搭理。

我經常揣摸那個老婆在家臥床不起的男人的處境。如果我是警察，知道他家裡的情況，我會因爲他嫖妓而逮捕他嗎？大概不會。我以前認爲所有的嫖客都是好色之徒，現在我明白了他們中一些人不過是有缺陷——個人的問題太嚴重，不知道該怎樣處理。他們到這裡來，希望妓女能幫忙。

一天夜裡我已經上床了，突然從娜娜的房間裡傳來喊叫聲。起初我以爲她在裝著叫床，讓客人歡心。有時候那些女人和男人弄出的動靜讓我不安，睡不著，幻想聯翩。接著娜娜尖叫道：「出去！」我穿上褲子，衝出房間。娜娜的門略微開著，通過那條縫我看見一個大腹便便的六十多歲男人站在床邊，瘋狂地對娜娜打著手勢。這是我頭一回見到老年嫖客在這裡找麻煩。我湊近了些，但沒進去。陳太太曾吩咐過我，如果這些女人需要幫忙，就幫她們一把。她沒直說，我猜想她是要我保護她們。

「我花了錢，就要留下來。」那人吼道，揚了揚手。

「你不能在這裡過夜。請離開。」娜娜說，滿臉不耐煩。

我走了進去，問他：「你犯了什麼毛病？她不是已經給你足夠的時間了嗎？」

他抬起眼皮斜睨著我。顯然他醉了，臉紅得像猴屁股。實際上，滿屋已經酒氣撲鼻。「你是誰？」他咕噥說。「關你的屁事。今晚我就不走了，沒人能讓老子改變主意。」

我看得出他以爲這裡跟中國相同，嫖客花上足夠的錢就可以跟小姐睡一夜。「我只是房客。」我說。「你鬧騰得震天動地，我睡不著。」

「是嗎？那就忍忍吧。我的錢不能白花。」

他說話的時候，我掃了一眼娜娜的床。粉紅的床單上留著兩片濕斑，一對枕頭斜放著。地板上躺著一把藤椅。此時阿虹和莉莉都起來了，但只站在門外觀看。我告訴那人：「這裡的規矩是：打完炮就走人。沒有小姐給你暖被窩。」

「我花了錢，我說了算。」

「好吧，這不關我的事。我這就去報警。你鬧騰得地動山搖，我們實在沒法睡覺。」

「眞的嗎？快叫警察來，看他們把誰先逮走。」他似乎驚醒了些，兩眼閃光。

我繼續說：「這裡的房客都會說你闖了進來，姦污這個女人。」我的話讓自己吃了一驚，我看見阿虹和莉莉都移開目光。

「得了吧，你滿嘴噴糞！這婊子收我的錢了。」他指了指娜娜。

「她不是妓女。娜娜，你沒請他來這裡吧？」

「沒有。」她搖搖頭。

我告訴他：「明白了吧，我們都是她的證人。你最好趕緊離開。」

「簡直是無法無天了。這個世界上再沒有信義了——比在中國還差勁。」他抓起手杖，跌跌撞撞地走了出去。

三個女人都笑起來，告訴我那個老色鬼是第一回來，還說眞幸運有我跟她們住在同一層樓。我們此刻在廚房裡，全都惺惺了。娜娜坐上半壺水，要泡杯名叫「甜蜜的夢」的草茶喝。

我對自己的所作所爲並不開心。「我像個拉皮條的，是不是？」

「不，你做得好。」阿虹說。

「謝天謝地，我們身邊有個男人。」莉莉加上一句。

莉莉的話讓我不自在，心想，我可不是你們中的一員。但此後我覺得她們對我更友好了，甚至莉莉也更經常和我說話，不再瞇縫著眼了。她們常問我晚飯想吃什麼，每週做三四次魚，因爲我喜歡海鮮。我們工廠中午免費提供白米飯，所以我只需要帶點菜就行了。每當阿虹下廚時，她都多做些菜，把多餘的放進一個塑膠盒子裡，好讓我第二天帶到工廠去。娜娜和莉莉常開玩笑說阿虹已經把我當做男朋友了。開始我覺得尷尬，不過久而久之就習慣了。

七月下旬的一天早上，我醒來覺得肺裡冒煙。我一定是得了流感，但不得不去工廠，那裡一大堆布料裁片等著我來熨呢。我不像那些縫衣女工，不能在桌前坐下來。車間裡提供茶水，裝在一只大鐵壺裡；雖然喝起來有點兒腥氣，但我仍然一杯接一杯的喝，潤潤喉嚨，也保持兩眼睜開。結果我得常去洗手間解手。地板上有的地方翹了起來，我走過時必須小心。下午三點左右我渾身冒汗，脈搏猛跳，我就決定去牆邊的長椅上休息一會兒，但沒等走到那邊，就被絆倒了。我剛爬起來，工頭吉米．崔就過來了。他四十五歲左右，雙肩寬闊，對我說：「萬平，你沒事吧？」

「不要緊。」我含糊地回答，拍掉褲子上的灰塵。

「你臉色眞不好啊。」

「我可能發燒。」

他用粗厚的手摸了摸我的額頭。「你最好回家休息。咱們今天活兒不多，丹尼和馬可不用你也忙得過來。」

吉米用他的小卡車把我送回到陳太太家，告訴我要是第二天還覺得不好，就不用去上班。我說我儘量去。

我病歪歪的，無法和房友們一起吃晚飯。我躺在床上，閉著眼睛，強迫自己不呻吟出聲來。可是，時不時地我仍從鼻子哼出幾聲來，這樣覺得好受些。天黑前，阿虹進屋來，把一罐桔汁放在床頭櫃上，說我必須多喝水，好排掉體內的毒素。「晚飯想吃點什麼？」她問。

「什麼也不想吃。」

「別瞎說，你得吃東西才會好起來。」

「我沒事的。」

我知道她今晚會很忙，因爲是星期五。她走後，我喝了些桔汁，又躺下來，打算睡一會兒。我覺得嗓子好了一點兒，但渾身還在發燒。我後悔沒有早去中藥店買些藥丸。屋裡靜悄悄的，只有一隻蚊子輕聲地嗡叫著。它一落到我臉上，我就一巴掌拍死了它。我心裡難受，不由地想起家來。這種感覺我好久沒有過了——我總是能夠壓住鄉愁，以使自己完成日常工作。一個忙碌的人是懷念不起故鄉的。但今晚母親的臉龐不斷地出現在眼前。她知道許多偏方，很容易就能讓我在一兩天內好起來，不過她會逼我在床上多待幾天，讓我徹底康復。小時候我常常樂意生病，那樣媽媽就會嬌慣我。已經兩年沒見到她了。眞想她啊！

我正迷迷糊糊地打著盹，聽到有人敲門。「進來。」我說。

阿虹又進屋來，這回捧著一碗熱氣騰騰的東西。「起來，吃麵條。」她對我說。

「你給我做的？」我很驚訝，這是眞正的麵條，用手擀的，不是我們常吃的米粉。她一定猜到了我這個北方人喜歡吃麵食。

「對，爲你做的。」她說。「快趁熱吃。吃了你會覺得好些。」

我坐起來，用筷子夾——還用勺子舀著吃。湯裡有韭菜和白菜絲，還有海米和三個荷包蛋。我心頭一熱，頭轉向一邊，不讓她看見我濕潤的眼睛。這是地道的家鄉飯，我有兩年沒嘗過這樣的東西了。我想問她是怎麼學會做這種麵條的，但沒開口說話，不停地猛吃。此刻她坐在床邊的椅子上，注視著我，兩眼微微發光。

「阿虹，你在哪裡？」莉莉從客廳喊道。

「在這兒，我在這裡。」她起身離開了，沒關緊門。

我側耳細聽。莉莉說：「彩虹旅館有個人要小姐。」

「萬平病了，今天不能開車。」阿虹說。

「那個地方在三十七大道，就幾步路。你去過的。」

「我今晚不想去。」

「不想去，你是什麼意思？」

「我應該待在這裡照顧萬平。娜娜可以去嗎？」

「她有客人，忙著呢。」

「你能替我去嗎？」

「哎。」莉莉嘆了口氣，「好吧，就這一次。」

「謝謝你。」

阿虹回來後，我對她說：「你不應該爲我花這麼多時間。你有事情要做。」

「別犯傻。這是維生素C和阿斯匹靈。飯後各吃兩片。」

那天夜裡她不時地來查看一下，看我吃沒吃藥，喝沒喝上足夠的水，是不是用她的厚被子蓋嚴實了，好讓我發出汗來。大約在半夜時我睡著了，但老得起來撒尿。阿虹在我的房間裡放了一只鋁痰盂，告訴我別去廁所，以免重感。

第二天早上我的燒退了，不過還覺得虛弱，兩腿發飄。我給吉米打了電話，說我那天一定去上班，但一直到十點鐘我才到工廠。即使這樣，一些工友仍然很驚訝，看見我這麼快就回到班上。他們一定以為我病得不輕，患了肺炎或某種凶猛的性病，怎麼也得臥床一週。我很高興熨衣桌上沒堆積太多的活兒。

一週後，有些縫衣工離開了工廠，我們更忙了。成衣廠裡有二十個女工，除兩三人外，她們都結婚了，有孩子。她們中大多數是華人，有四位是墨西哥人。她們可以根據自己的鐘點上下班，這是她們做這份工的主要原因。這活兒計件付薪，而且付得不多。如果做全工，她們多數人每週能掙三百美元。我跟她們相同，工作時間也是自己靈活掌握，只要不讓活兒堆積在熨桌上，只要不誤期限就行了。我必須承認，我們老闆傅先生是好人，英語呱呱叫，業務經營也很在行；他甚至為我們提供健康保險，這是一些女工願意在這裡工作的另一個原因。她們的丈夫做粗工或開小生意，無法給家裡買健康保險。我跟另外兩名熨衣工丹尼和馬可一樣，不在乎什麼保險。我強壯健康，還不到三十歲，不願意每月花三百美元買那玩意兒。

最近我們拿到的女裝訂單更多了，所以我上班更早了，在七點左右。但我白天休息得長一些，找個地方坐坐或躺躺，歇歇腰腿。

我們廠發了廣告，招聘縫衣工來接替那些辭職的女工。一天傍晚我帶回來一張廣告。莉莉在房間裡接客，吃飯時我就把那張單子給阿虹和娜娜看，說如果她倆有興趣，我可以幫她們拿到那樣一份工作。

「縫衣工掙多少錢？」娜娜問。

「一星期三百美元左右。」我說。

「天呀，這麼少啊。」

阿虹插嘴說：「你們老闆用沒有工卡的人嗎？」

「廠裡有一些非法工人。我可以替你美言幾句。」

「我要是會縫紉就好了！」

她的話讓我心頭一振。我繼續說：「那不難學。市裡有縫紉學校。三週就能畢業。」

「還得花掉一大筆學費。」娜娜加上一句。

「並不很貴——三四百美元。」我說。

「我還欠老鱷一屁股債，要不我早就不賣皮肉了。」阿虹咕噥說。除了人口走私，那傢伙還在皇后區經營賭場，其中一個最近被查抄了。

我再沒說話。的確，縫衣工沒有妓女掙的多，但縫衣工可以過體面的生活。不過，我明白娜娜的邏輯——她的這種工作錢賺得多。有時候她一天就能掙三百美元。如果沒有客人，我的房友們大部分時間用來看電視，聽音樂，但她們這種生活能持續多久呢？她們的青春總有一天會消逝。那時她們能做什麼呢？我繼續默默無言，拿不準該不該當著娜娜的面告訴阿虹我的想法。

一個略微肥胖的鬈髮白人走出莉莉的房間。他看上去氣呼呼的，自言自語地說：「便宜的中國貨，眞他媽的會揀便宜！」他掃了我們一眼，轉身而去。這些女人的顧客一般都是亞裔，偶爾有一兩個墨西哥人或黑人。這裡很少見到白人嫖客。

莉莉走出房間，哽咽著。她往椅子上一癱，用指頭修長的兩手捂住臉。阿虹把一碗餛飩放在她面前，但莉莉往椅背上一靠，說：「我現在不想吃。」

「出什麼事了？」娜娜問。

「避孕套又破了。」莉莉說。「他火了，說我可能把什麼病傳染給了他。他只付給我六十美元，說因爲我用的是中國產的劣等套子。」

「眞是中國貨嗎？」我問她。

「我也弄不清。」

「可能是，」阿虹說：「陳太太老在銀城買東西。」

「但那是韓國超市。」我說。

「在這裡當中國人眞不是滋味，因爲中國光生產廉價商品。」莉莉說。「中國讓自己人掉價，讓我失望。」

我不知道說什麼好。個人怎麼能把自己的問題都歸咎於國家呢？

那天晚上我邀阿虹出來，在櫻花樹下我們聊了起來。細線似的枝條在涼風中飄擺，樹葉像簇簇箭頭在街燈灑下的光線中飛飛閃閃。西面——在希爾體育場那邊焰火爆響，紐約大都會隊一定贏了一場球。我壯著膽對阿虹說：「你爲啥不能洗手不幹這行呢？那樣我們就可以在一起。」

她眼睛一亮，緊緊盯著我。「你的意思是要做我的男朋友？」

「對，但我也要你不再出賣自己。」

她嘆了口氣。「我每月得付老鱷兩千美元。我幹別的怎麼也掙不出那麼些錢。」

「你還欠他多少偷渡費？」

「我父母在越南已經付完了那邊的百分之十五，但我還欠一萬八。」

我停下來，腦子裡計算起這個數字。這是個大數，但不至於無法還清。「我每月能掙一千四。付完房租和各種開銷，還剩一千左右。如果你洗手不幹了，我可以幫你還債。」

「我每個月去哪兒弄另外一千美元呢？我巴不得當縫衣工，可那活兒工資太少。自從你提起那份工作，我就不停地琢磨它。得需要很長一段時間我才能學到足夠的手藝，每週掙上三百美元。在這期間，我拿什麼付老鱷呢？」她嚥下口水，接著說：「我經常夢見回家了，但我父母不讓我回去。他們說我小弟將來要來我這裡。他們光叫我往回寄錢。如果我能跳槽就好了。」

我們聊了一個多小時，試圖找條出路。她好像興沖沖的，因爲我要幫忙，但她的興頭卻不時地讓我有點兒發慌，自問是不是太莽撞了。如果我們合不來怎麼辦？我們怎麼隱藏她的過去，不讓別人知道？雖然緊張，我心裡老是看見她在一座小白屋中，用一把大勺子攪動著熱騰騰的鍋，嘴裡哼著歌，外面孩子們的笑語起起伏伏。我提議我們找老鱷本人談談，看看有沒有別的辦法來還他的債。阿虹回屋之前，在我的臉頰上親了一下，並說：「萬平，我爲你什麼都可以做。你是好人。」

濃烈的幸福感湧滿我的心頭，我在潮濕的空氣裡站了很久，夢想著有一天我倆怎樣開始新的生活。我手頭要是有更多的現金就好了。我想叫阿虹和我一起睡覺，但決定不那麼做，擔心另外兩個女人會把我們之間的關係告訴陳太太。一輪滿月照在沉寂的街上，牆壁和房頂都沐浴在白花花的月光裡。蟲子們怯生生地唧叫著，好像喘不過氣來。

兩天後，我早早下班回來，跟阿虹一起去見老鱷。那傢伙在電話上聽起來像是廣東佬。我們穿過北方大道，朝六七八高速公路那邊走去。他的總部在三十二大街上，在一座大倉庫裡。兩個妓女——一個是白人，另一個是墨西哥人——在街頭溜達，只穿著乳罩和磨破了的短牛仔褲。她倆都像剛吸了毒，那白女人掉了一顆牙，頭髮蓬亂，衝我喊了一嗓子：「嘿，有菸嗎？」

我搖搖頭。阿虹和我趕緊進了倉庫，裡面垛滿了裝著紡織品和鞋的箱子。我們在一個角落裡找到了辦公室。一個魁梧的男人躺在皮沙發上，抽著雪茄。他看見我們就坐了起來，得意地笑笑。「坐。」他說，指了指另一個沙發。

我們坐下來後，阿虹說：「這是萬平，我的男朋友。我們有件事要求你。」

那人朝我點點頭。他轉向阿虹。「好啊，什麼事？」

「我需要更多一點兒時間。我能每月付你一千三嗎？」

「當然不能。」他又得意地笑了，鼠眼左右轉動。

「一千五怎樣？」

「我說了不行。」

「你看，我生病了，不得不做別的工作，掙不了那麼多錢了。」

「那不是我的問題。」他用指尖搓了搓稀疏的八字鬍。

我插話說：「我會幫她付你錢的，但我們眼下每月實在拿不出兩千來。請再給我們一年時間。」

「規矩就是規矩。要是有人壞了規矩又不受懲罰，那規矩就沒用了。我們從來不給什麼人延期。好了，別跟我耍滑頭。如果不按期付款，你們明白我們會做什麼。」他的拇指朝阿虹搖了搖。

她看看我，淚汪汪的。我拍拍她的手臂，示意我們該走了。我倆站起來，謝謝他會見我們，然後離開了倉庫。

回去的路上，我們談著如果不按期付滿月款的後果。我心事重重，明白跟老鱷這樣的惡棍打交道很危險。我聽說過亞裔黑手黨懲處人的故事，尤其是對那些得罪了他們的新來乍到的人。他們把一個男人推進貨車，拉到新澤西的一家罐頭廠將他做成了寵物食品；他們割掉了一個小女孩的鼻子，因爲她爸爸沒付給他們保護費；他們捆上一個中年婦女的手，塞住她的嘴，把她裝進麻袋，扔到海裡。華人中的一些幫會四下散布黑手黨的故事，來嚇唬人。的確，那些故事中有的可能是謠言，也許老鱷根本就沒加入黑手黨，但他輕易地就能把阿虹和我給毀掉。即使他不是黑幫頭目，也肯定是個黑幫分子。另外，他在中國和越南一定有團伙，可以傷害我們的家人。

晚飯後，我進入阿虹的房間，裡面乾乾淨淨，有鳳梨的香味。窗臺上擺著一瓶萬壽菊。我對她說：「要是咱倆離開紐約呢？」

「然後去哪裡？」她語氣平靜，似乎也在這樣想。

「任何地方。美國這麼大，我們可以改名換姓，在一座邊遠的小城裡住下來，或者去各地農場幹活兒，像墨西哥人那樣。我們一定會有活下去的辦法。咱們先去北卡羅來納州，從那裡再到別的地方去。」

「那我的家人怎麼辦？老鱷不會放過我父母的。」

「你不必擔這麼多心。你得先照料好自己。」

「要是我跑掉了，我父母永遠不會原諒我。」

「他們不是一直在利用你嗎？你是他們的搖錢樹啊。」

這番話好像打動了她。片刻後，她說：「你說得對。咱們離開這裡。」

我們決定儘早離開。她手頭有些現金，大約兩千美元，我的銀行戶頭裡還有一千五。第二天早晨在上班的路上，我去國泰銀行取出了全部存款。我感覺有些沉重，知道以後再不能給父母寫信了，否則，老鱷和他的同夥就會追蹤到我們。對我的家人來說，我今後跟死鬼沒什麼兩樣。身在此地，我們別無選擇，必須把損失當做需要。

那天下午，阿虹悄悄地收拾好一只手提箱，還裝滿了我的一個旅行包。我眞希望能跟老闆和幾位工友告別，能從陳太太那裡要回來我的三百美元押金。晚飯時，娜娜和莉莉逗弄阿虹，說她已經開始爲我服務了，做我的清潔工。我倆儘量顯得正常，我甚至還開了幾句玩笑。

很幸運，晚上沒有外客電話。那兩個姑娘上床後，阿虹和我溜出屋子。我拎著她的衣箱，她提著我的旅行包。櫻花樹在霧靄中模模糊糊，樹冠茸茸一團，像座小山。一輛卡車在緬因街上隆隆轟響，我倆疾步離開，手臂挽著手臂，沒有回頭。

落地

甘勤又一次倒在功夫班上。他直喘粗氣，坐在地板上，站不起來。一個學生過來要幫他一把，卻被他搖手阻止了。他強迫自己宣布：「今天就到這吧，請明天下午再來。」十七個男孩和女孩在角落裡拾起自己的衣物，走出練功教室。其中有幾個不斷地瞥一眼他們老師扭曲的臉。

下午晚些時候，宗住持把甘勤叫到小冥思房。他們坐在地板上，下顎寬大的住持給他倒了杯茶，他說：「兄弟，我恐怕得讓你離開了。我們試了又試，仍無法延下你的簽證。」他把甘勤的護照放到咖啡桌上，就在茶杯旁邊。

甘勤吃了一驚，張張嘴巴，但沒說出話來。的確，幾星期來他病得厲害，無法把課教得像以前那麼好了，可他從未想到合同還沒到期宗住持就要解雇他。甘勤說：「你們能付給我寺院欠我的薪水嗎？」

「我們不欠你什麼。」宗住持回答說，腫眼泡的眼睛緊盯著甘勤蒼白的臉。

「咱們的合同上說得清清楚楚，你們每月必須付給我一千五百美元。至今你們分文未付。」

「我說過，那只是走過場——我們得寫下個數字才能爲你拿到簽證。」

「宗住持，我給你們工作兩年多了，從沒出過亂子。現在你辭掉我，起碼該付給我薪水，讓我回去有錢還債。」

「我們一直管你吃住。這裡是紐約，什麼都貴得要命。實際上每月我們爲你花的遠不止一千五。」

「可手中沒錢，我回不了家。爲拿到這個教職，我花了一大筆來賄賂我們寺院裡負責國際交流的長老們。」

「我們沒錢給你。」

「那我就沒法離開。」

宗住持抓起甘勤的護照，揣進懷裡。「如果你非法留下，我不能讓你帶上證件。從現在起你全靠自己了，明天就搬出去。你去哪兒我都管不著。你的簽證過期了，你已經是非法居民，是犯法的人了。」

宗住持從地板上站起來，走向後院，那裡泊著他的深藍色的寶馬。那車開走時，甘勤仍然盤腿坐在屋裡。他知道住持去長島，去西歐賽特鎮，在那邊他新買了一座房子。姓宗的和他的女人剛有了個孩子，但他們不能結婚，因爲他身爲寺院的住持，不敢公開娶妻。他仍保留著在曼哈頓下城的住處，經常讓他的朋友們和朋友的朋友們在那所公寓裡過夜。

儘管殿堂裡排排小桌子上燃著蠟燭，光暈朵朵，寺院仍很冷清。殿堂的盡頭坐著一尊佛祖，安詳地笑著，兩手掌心朝上放在膝蓋上。甘勤關上窗戶，插上前門。從生病以來，他更怕夜晚，天一黑他就覺得更加淒涼，更想家。當初他以爲在這裡幹滿三年後，就能滿載著禮品和美元回去。而現在，他身無分文，無法想像回家。他父親來信說有的債主已經去他家裡催債。老爸要他別急忙回去，起碼要掙足了錢再說。

甘勤煮了米粥，就著兩只松花蛋吃了一些。飯後他強迫自己喝了一大杯開水，好把不斷湧到喉頭的胃酸壓下去。他決定給辛蒂打個電話；辛蒂訪問天津時曾跟他學過武術──他原來的寺廟和功夫學校都在天津。她是在美國出生的華人，但會說普通話。自從在法拉盛又見到他後，她一直很友好，常請他去市中心喝茶。

他們約好在曲曲歡見面，那家酒吧在阿萊克西斯街北端。那地方比較偏僻，人們不會認出來甘勤是高霖寺的和尚。到了那裡，他沒進去，卻站在門口等辛蒂，因爲他身上沒錢。不到一分鐘她就來了。他們一起進了酒吧，在一個角落揀了張桌子，點了些飲料。屋裡只有十幾位客人，但音樂放得很響。正前面，一個小夥子高聲地唱著卡拉ＯＫ，彷彿心都碎了：

最想念的是你的笑容，
你在我夢中依然笑得甜美。
咱們雖然常常重逢，
你的臉龐不再明媚。

「他眞的要辭掉你嗎？」辛蒂向甘勤問起宗住持，用吸管呷著瑪格麗特酒。
「沒錯。我明天就得搬出去。」他輕輕嘆了口氣，把盛著雪碧的杯子放在桌上。
「你打算去哪兒？」
「有個朋友，我的一個老鄉，可能願意留我幾天。」
「別忘了，你總可以住在我那裡。反正我老是出門在外。」她是個身材小巧的女人，二十五歲，臉色歡愉。身爲空姐，她常常往國外飛，有時整個一星期都不在家。
「謝謝。眼下我可以跟那位朋友待在一起。說實話，我從來沒覺得這麼喪氣——待又待不下，回又回不去。」
「你爲什麼不能住下來呢？」
「宗住持說我已經是非法居留者。他扣下了我的護照。」

「別老犯愁了，帥哥。要是實在沒辦法，你應該考慮結婚，和一個美國公民結婚。」她吃吃笑了，一雙大眼睛注視著他，熱忱又勇敢。

他知道辛蒂喜歡他，但他說：「我是出家人，不能想那些。」

「爲什麼不能還俗呢？」

「哎，我已經陷入塵網了。人們都說寺廟是片淨土，無爭、無憂、無欲。其實不是眞的。宗住持過得像個公司總裁。我猜光是他的家庭花銷每月就要一萬多美元。」

「我知道。我看見他開輛新車。」

「這是爲啥我生氣，他不付我工資。」

「你需要多少錢才能回去？」

「至少兩萬美元。他欠我四萬。」

「我擔心他不會付給你那麼多。」

甘勤嘆了口氣。「我知道。我心裡憋氣，可什麼也做不了。他在國內很有勢力，表哥是市公安局的頭頭兒。有時候我眞想在這裡當一名非法的苦力，那樣就可以重新開始生活，用不著跟騙子們打交道。但我從沒在寺廟外面做過工，也沒有什麼本事，我在這裡是沒用的人。」

「別瞎說了——你可以教武術。」

「那我得懂些英語，對不？」

「你總可以學嘛。」

「另外，我得有工卡。」

「別這麼灰心。先把病養好。等身體恢復了，你在這裡肯定會有活路的。」

他不願再說下去，想像不出怎麼在美國謀生。

離開酒吧時，她告訴甘勤如果需要幫助就跟她聯繫。她明天要飛東京，下週才能回來。夜晚霧濛濛的，大部分店鋪都關門了。幾對年輕的情侶在人行道上溜達，手拉著手或臂挽著臂。兩百多英尺外一輛小汽車鳴起喇叭。附近一株幼小的菩提樹應聲輕輕地顫動起來，葉子嘩嘩地響著。甘勤呼呼哧哧地咳嗽了一陣，用一張紙巾擦了擦嘴。辛蒂輕拍他的後背，勸他臥床休息幾天。他苦笑了一下，臉有點兒歪。他們互相道了晚安，不一會兒她那圍著桔紅色裙子的嬌小身影就消失在夜幕中。

范谷其實並不是甘勤的朋友。他們是六個月前在春節聚會上認識的。甘勤高興地發現這個老鄉來自同一個縣。范谷在一家餐館做副廚。甘勤說想在他那裡待幾天時，范谷表示歡迎，說很榮幸能幫朋友一把。

他的單室套間在一座九層公寓樓的地下室裡，靠近法拉盛市中心。套間裡有小小的浴室和廚房，還備有一張行軍床，和一對鐵椅子站在一個狹窄的桌子兩邊。甘勤到達後，范谷從壁櫥裡拖出一捆海綿床墊，打開鋪在地板上。「就這兒，你可以在這兒睡。」他對客人說。「但願這還過得去。」

「很好，謝謝。」甘勤回答。

每天早上他把床墊捲起來，放回壁櫥裡。這種睡法兩人都滿意，不過甘勤陣陣的咳嗽讓范谷不安；他問了他好幾回到底生了什麼病。甘勤向他保證不是肺結核，說可能是練功時傷了肺，加上近來心情苦惱，火氣攻心，病情就加重了。儘管這樣，范谷常常查看泡菜瓶子裡的水——甘勤把痰吐在那瓶子裡——看看裡面有沒有血絲。至今他未發現異常的東西。然而，甘勤沒完沒了的咳嗽擾亂了范谷的安寧，尤其是夜裡。

范谷在班上用餐，就讓客人吃家裡所有的食品。櫥櫃裡有幾包速食麵和半袋香米；他勸甘勤多吃些營養豐富的東西，好早日康復，但和尚手頭沒錢。他要跟范谷借二百美元，可是范谷也一樣拮据——他的公務簽證已經過期，得付一大筆律師費才能改變非法身分。不過，他常常給甘勤帶回些食物：一盒烤肉炒飯，或一袋魚丸，或幾根蛋捲和排骨。如今甘勤已經吃葷了；他連下頓在哪兒吃都不知道，很難堅持吃素。范谷說帶回來的食物全是他打折買的，不過甘勤懷疑那是些殘剩的東西。每當這種念頭閃現，他都要趕走它，提醒自己應該心存感激。

一天早晨范谷說：「你瞧，甘勤，我不是難爲你，但我實在沒法繼續爲你買吃的了。我的律師要我這個月底付他三千五百美元。我是兩手空空了。」

甘勤垂下眼睛說：「請記下你爲我花的錢。我會還的。」

「你誤會了，兄弟。我只是眼下手頭沒有足夠的現金。鬼知道我的律師能不能眞幫我。澳維利亞髮廊裡有個女孩付了八萬美元律師費，至今還沒拿到綠卡。有時候我眞爲錢犯愁，恨不得打劫一兩個人。你知道，我還得往家裡給老婆和女兒匯款。」

「你能幫我在你們餐館找份工嗎？我可以洗盤子，拖地板。」

「你病成這樣，沒有地方敢用你。最好充分休息，爭取早日康復。」

甘勤沉默了幾秒鐘，接著說：「我會想法弄些錢。」

范谷不再多說了。他打了個哈欠，自從甘勤落腳到這裡，范谷一直就睡不好覺。他才四十五歲，但乾癟得像個老頭兒，禿頭頂上瘮包點點。他一定總是生活在恐懼和憂慮中。他把手巾攤放在角落裡的晾衣架上，就去上班了。

甘勤早餐吃了兩個冰涼的豆沙包，喝了一杯紅茶，然後動身去高霖寺。他走在街上兩腿有點兒軟。昨夜下了場陣雨，馬路洗得很乾淨，甚至空氣都新鮮了許多，沒有了臭魚爛菜的氣味。他拐進一條小街。人行道上七隻長腿麻雀奮力地啄著散落的爆玉米花，急切地啾啾叫著，但怎麼也咬不碎鬆軟的苞米。那些鳥不顧行人和車輛，全都在盡力地吃東西。接近寺院時，甘勤聽見磚樓裡面人們齊聲高喊，跺著地板——一個新的教練正在上功夫課。

見到甘勤，宗住持裝出笑臉說：「你氣色不錯呀。但願你的病也好了。」他帶甘勤去樓後部，走起路來背有點兒駝。

坐在冥思房裡的竹席上，甘勤說：「住持，我來看看你們有沒有辦法付我薪水。我不能非法居留，你知道。要是手頭沒有足夠的現金，我就無法回家，我得還債。」

宗住持不停地微笑著，露出光潔的牙齒；那口好牙常常讓甘勤猜想他用什麼牙膏。宗說：「我再重複一遍，我們寺院什麼都不欠你。」

「住持，你把我推到懸崖邊上了——如今我無路可走了，也許不得不仿效甘平。」甘平曾是這所寺院的僧人，工作了三年後拒絕回去，因爲拿不到薪水。宗住持要他走人，可那和尚跑到一個公園裡去上了吊。

「你跟甘平不一樣。」宗住持鎮定的說，肉嘟嘟的臉油亮。「他又瘋又蠢，上吊都吊不死自己。這是爲什麼他進了牢獄。」過路人發現甘平時，他正懸在一條繫在橡樹枝幹上的布帶上，兩腿亂蹬；人們救下他來，報了警，警察把他送回到寺院。不久他被遣送回中國。但他瘋了，因爲他不在那邊時，女友有了新情人。他掐死了那個女人；其實按規矩他根本就不應該和她談戀愛。

甘勤想哭，但控制住了自己。他說：「別小瞧我，住持。如果一條命不值得活下去，了斷了也沒有什麼可後悔的。」

「你有年邁的父母，他們在盼你回家。你不應該考慮這種怯弱的出路。」

「如果我兩手空空地回去，會讓他們太失望了。我不如死在這裡。」

「別要死要活的。我們出家人應當珍惜生命。生命給予我們至此一回，毀掉它是大罪大孽。這些你都明白，我不必多費口舌。」

「住持，就此分手了，來世再會。」

「別嚇唬人了。說實話，根據我跟你們寺院的協定，我有責任送你回家，但我不強迫你。你可以選擇去留。」住持打了一個飽嗝。

「但願我的靈魂能回家，再見了。」甘勤從竹席上爬起來，朝門走去。

「豬腦袋。」宗住持說。

甘勤出了寺院。叉形的閃電刺破南天，那邊空中黑雲洶湧，相互堆積。風刮大了，沿街的店鋪招牌扇動著。行人們來回跑著要避開越來越急的雨，而甘勤卻不緊不慢地走向范谷的住所。碩大的雨點打在樹葉和他臉上，他的長袍飄飄擺擺。

第二天下午辛蒂過來看他。由於淋了那場雨，他咳嗽得更厲害了。他比前一週又瘦了一些。她帶他到一家叫「小辣椒」的四川餐館，點了一個素火鍋。

素菜提不起他的胃口，他更想吃肉或海鮮。他說起話來無精打采，儘管她盡力勸他振作起來。「別以爲你完蛋了。」她說。「你還年輕，總可以重新開始。」

「你是什麼意思？」他木然地看著她的瓜子臉。

「我是說別認爲自己完蛋了，那是不明智的。這裡好多人都是非法居住者。他們生活艱難，但還能應付。幾年後可能會有大赦，那樣他們就可以變成合法移民。」她用筷子把豆腐夾兩半，將一塊送進嘴裡，閉著雙唇嚼起來。

「我眞不知道該做什麼。只想早日回家。」

「繼續當和尚？」她調皮地一笑。

「從長大後我就沒做過別的。」

「可以改變自己嘛。這是美國，翻開新的一頁從來不晚。這是我父母爲什麼來這裡。我媽恨我奶奶，要離她婆婆遠遠地重新生活。」

他又苦笑一下，不知該說什麼。他打算跟辛蒂借點錢，還清欠范谷的六十美元，但他沒開口，想要讓她只記得他的好處。

「你留平頭更帥氣，知道吧？」她指了指他的腦袋，以前他總是剃光頭。

「我並非有意留成這樣的。」

「你應該讓頭髮長得長一些。那會使你的臉看起來更強壯——我是說更有男子氣。你現在過得還好嗎？」

他咬了一口用豆麵和蘑菇做的丸子，回答說：「暫時還可以。我不知道范谷能讓我待多久。我可能已經成爲他的負擔了。」

「別忘了，你任何時候都可以住在我那兒。這些日子我全待在客機上和酒店裡。」

「謝謝。」他眼睛濕了，但轉過臉去，閉緊雙眼。「如果我出生在這裡就好了。」他嘆息說。

「除了印第安人外，沒有人是美國的本地人。你不要認爲自己是外來人——如果你在這裡生活工作，這個國家也屬於你的。」

「我是老朽不可變了。」

「你怎麼能這麼說呢？你才二十八呀！」

「但我的心已經老了，太老了。」

「你至少還有五十年要活。」她咯咯笑了，拍拍他的手。他也笑了，搖搖頭，彷彿承認自己沒救了。

同辛蒂交談後，他意識到宗住持扣下他的護照是要阻止他改變身分，因爲一旦美國總統頒布大赦，非法居民就必須提交自己的身分證件。如果不能證明你的原在國是哪裡和入境的日期，你就無法按時申請綠卡。宗住持一定是鐵了心要送他回中國。

第二天早上范谷告訴甘勤待在家裡，因爲公寓樓的管理人在十一點左右來檢查煙火報警器。甘勤保證在那人來查看之前不出去。他躺在行軍床上，琢磨著是否該跟宗住持少要些錢，比如說兩萬五，既然很明顯寺院從未付過任何僧人工資。他眞後悔費了那麼大勁兒來到這裡！他被一些人騙了——他們光誇耀美國遍地是機會，而不提自己在這裡所經歷的艱難。他們都想在鄉親面前展現富有和成功。蠢啊，多麼蠢。如果他回去，他要說明眞相——美國式的成功並不適合每一個人。你必須學會如何出售自己，如何改變自己，才能重新生活。

他正沉思著，有人敲門。他爬起來去看看是誰。他剛把門開了條縫，兩個人就闖了進來。一個是宗住持，另一個是一位兩臂粗壯、甘勤從未見過的年輕傢伙。他們擰住他的胳膊。「別反抗。」宗住持噓聲說。「我們不會傷害你。我們只是幫你回家，不讓你淪落成叫花子。」

「你們帶我去哪兒？」甘勤氣喘喘地問。

「去機場。」宗住持說，兩人拖著他就走。甘勤過於虛弱，無力反抗，只能順從他們。

他們把他塞進寶馬，給他繫上安全帶，在他腿上扔了兩張紙巾讓他吐痰用。然後他倆鑽進前排座位，車就開走了。宗住持語氣平和地對他說：「別不高興。我為你買了機票，也會給你些盤纏。等你在服務台登記完，我就把護照還給你。」

「你們綁架了我。這是違法的。」

他倆哄笑起來。那個斜眼的年輕傢伙說：「請不要這樣指控我們。你是中國人，一會兒就上飛機回中國去。」

「對，你可以盡情地向你們寺院的長老們抱怨。」宗住持告訴他。

甘勤意識到爭不出理來，一路上沒再說話，不過他苦心思索著怎樣脫身。

他們把車泊在室內停車場裡，然後帶他去中國航空公司。一個身穿制服的高大黑女人站在售票台前的入口；甘勤心想是否應該朝她喊幾聲，但改變了主意。他們三人進入彎彎曲曲的通道，裡面排滿了人。這不是個人恩怨，宗住持反覆對他說。他們只是不願讓一個黃袍加身的和尚在紐約四處閒逛，從而玷污祖國的形象。那樣也會損害高霖寺的名聲。

甘勤該做什麼呢？他裡面穿著燈籠褲，可以脫掉袍子。去洗手間看看能不能找到逃路？不行，他們能識破他的意圖。那麼衝向檢查入口——求救於那些全副武裝、牽著狼狗的警衛呢？也不行。宗住持照樣能把他送上飛機，聲稱他有精神病，像恐怖分子一樣危險，必須送回國就醫。

他正琢磨不定時，一輛帶三排座位的小客車開了過來，頭排上坐著一對老夫婦。甘勤掃了綁架者一眼——他倆在觀望著服務台，那邊兩個姑娘正把一家旅客的行李拖到轉送帶上。甘勤提起藍色的戒繩，溜出了通道，撲到客車的最後一排座位上，隨即滾落進座前的空間。他縮回兩腳，以免讓綁架者看見他。電池驅動的車越開越遠，此刻他聽見宗住持高喊：「甘勤、甘勤，你在哪裡？」

「過來，甘勤，你這個二百五！」另一個聲音吼道。

「甘勤，快過來！咱們好話好說。」宗住持叫著。

甘勤意識到他們不知道他在車上；車轉了個彎，駛向另一個終點。他動也不動，讓車把他拉得越遠越好。

車終於停了，他抬起頭四下觀望。「嘿，這是只給殘疾人用的。」黑人司機告訴他，滿面笑容，幫助那對老夫婦下車。

甘勤不明白那人說些什麼，只回了一聲：「謝謝你」，除了還會一句「再見」，那是他掌握的全部英語。他下車去了男廁所，在那裡脫掉了長袍，把它扔進垃圾桶裡，然後身著黑燈籠褲和米色運動衫走了出去。

按照一位中年台灣女人的指點，他爬上一家酒店的接站車，回到了法拉盛。他嚇壞了，不敢回范谷的住處。顯然，那人跟宗住持串通一氣。那麼該去哪兒呢？哪個地方才安全？甘勤從沒想到宗住持會強送他回國。一陣疼痛綳緊了他的胸膛，他又咳嗽起來。

他兜裡還有幾美元，就進了滕園，這家餐館離高霖寺不遠。一個穿著襯衫、五短身材的男人迎接他，舉起食指爽快地說：「一位？」顯然他是這裡的老闆，準備帶甘勤進屋內。

「等會兒。能用一下電話嗎？」甘勤問。

「街那頭有投幣電話。爲什麼不用那個呢？」那人朝寺院的方向指了指。

「我不知道怎麼使投幣電話。」

「跟普通的一樣——放進去二十五美分，再撥要打的號碼。咱們說的是市內電話，對吧？」

「其實我不需打電話。我叫甘勤，是高霖寺的和尙，我想給宗住持留個口信兒。您能幫我傳一下嗎？」

「我不認識你呀。」

「您看，這是我。」甘勤掏出一張壓著塑膠薄膜的照片給那人看。相片上甘勤穿著黑布鞋，亮出雄鷹飛撲的姿勢；他腦瓜鋥亮，頭頂上一面金黃的旌旗在微風中飄搖；他看上去像一位動作影星，好一個英雄，渾身豪氣。

小個子男人斜看了一眼照片，又瞧了瞧他。「是，是你。你要我告訴你師父什麼？」

「告訴他明早天亮前爲我的魂靈禱告，再供些祭品。」

「你說些什麼呀？好像你已經變成鬼了。」

「我就要死了。告訴宗住持明早六點之前爲我祈禱，好贖救我的靈魂，行嗎？」

「小兄弟，你不該這樣想，不要這麼輕易地就放棄。跟我來，咱們談談，看看我這老頭子能不能幫你一把。」

甘勤跟他進了裡屋，屋中央放著一張圓形餐桌，上面有個雙層轉盤。顯然這是開宴會的地方。他倆在大桌子旁一坐下，甘勤就說他決定今天自殺。他貧困交加，而宗住持不但不付給他寺院欠他的薪水，還要強逼他回國。小個子男人聽著，一聲沒吭。甘勤越說越悲痛，直到說不下去了，抱頭哭起來。

餐館老闆嘆了口氣，搖搖頭。他說：「你等等，我很快就回來。」

此時甘勤已經平靜了些，雖然仍舊淚淋淋的。他相信今天是他在塵世的最後一天。想起年邁的父母，他覺得五臟絞痛。他的死會給他們多大的打擊啊！他是獨生子，沒有他，他們的晚年會多麼淒慘。但他無路可走了。如果他死在這裡，至少一些債主可能會可憐他爹娘，不逼他們還債了。噢，這是他唯一能幫助家裡的方式！

小個子男人回來了，端著一大碗米飯，上面蓋著炒海鮮和蔬菜。他對甘勤說：「小兄弟，我看你是餓了。快吃點，吃完你可能就不想尋短見了。糟糕，我全忘了你是出家人，吃素！對不起，我這就——」

「我吃海鮮。」甘勤說。

「那快吃吧。別忘了，你的悲痛並不是人間最深重的。生命珍貴，其中充滿美好的事情，儘管時刻都有苦澀和磨難。」

「謝謝您，大叔。」他咕噥說。「我在那邊見到佛祖時，一定爲您說句好話。」他掰開筷子，吃起來。

啊，太好吃了！這是近年來他吃過最香的飯菜。他夾起蝦仁和扇貝接二連三地放進嘴裡，彷彿不用嚼就吞了下去。雪豆鮮嫩，筍片薄脆，香菇鬆軟，都恰到火候。他吃啊吃，一眨眼就全吃光了。他端起碗，想要喝掉剩下的菜湯，但一轉念又放下了碗。

「大叔，」他說：「我知道您善良慷慨。您肯聽陌生人訴說冤屈，沒問我您就猜到我餓了，您心地仁慈。這是一點兒錢，請收下。」他從褲兜裡掏出所有的現金，放到桌上，一張五美元的和三張一美元的。

那人搖搖短粗的手指說：「我可不是要賣飯給你，我不要你的錢。多想想此生此世中的好事吧，行不？別讓悲傷壓垮了你。」

「請轉告宗住持明早天亮前為我祈禱。再見了，大叔。」甘勤匆忙地出了門，拖著兩腿離去，覺得餐館老闆在凝視他的背影。

他該去哪裡？他想找一幢樓，從上面跳下去能結果自己。去寺院呢？不行，那座樓才兩層，太矮了。那去市區的小學呢？也不行，如果他死在那裡，他的鬼魂可能嚇壞孩子們，人們會譴責他。

穿過北方大道，右邊出現一棟磚樓，門窗多半釘著木板。他隨便打量了一下——五層，夠高了。另外，這裡挺偏僻，他的死不會驚動街坊裡很多人，於是他決定用這座樓。它以前一定是家工廠，樓頂上仍有鋼製的通風口。

他艱難地爬著塌陷的樓梯，一群鴿子飛起來，翅膀猛烈地呼扇著，幾隻蝙蝠上下來去，一邊抓蚊子吃一邊在落日的餘暉中發出吱叫聲。遠方的房屋和教堂的尖頂隱隱約約，半掩在金色的煙霧中。樓梯的平臺上散落著不帶針頭的注射器、外賣飯盒、菸頭、啤酒罐。他猜想夜間是否有人住在這裡。哦，要是這樣，天氣冷了他們就不該繼續使用這個地方。在頂層他俯身從幾個沒釘上木板的窗戶往下看，要察看一下樓的底部。空蕩的停車場上有一隻黑翅尖兒的海鷗，孤伶一身在與一個紙袋子較勁，拽出團團紙巾、塑膠杯子和盤子，撿起薯條渣吃。甘勤決定用後院，以避開前面街上來往的車輛。他把兩塊厚木板搭在窗臺上，窗沿已經沒有木頭，光剩下一排磚。他想像自己一路跑上木板，頭朝下跳出樓去。只要那麼一跳就完事了。他退回十幾步，準備起跑。

突然他胃裡一陣攪動，一塊沒嚼碎的扇貝和幾個飯粒湧了上來。噢，還這麼香呢！他吞下這口食物，已經淚流滿面。他跑起來，越跑越高，直到把自己拋到空中。在他臉朝下墜落時，不知爲什麼多年練就的功夫立刻操縱了他。他的身體本能地自我調整，甚至兩臂伸開，擺動著以免致命。砰的一聲他雙腳落地。「哎呦！」他叫喊，驚愕自己沒死成。一陣劇痛從他左腿射上來，而他的右腿在抽搐。

「哎呦，救人啊！救救我！」他叫起來。

這個結果多麼可笑啊！他繼續喊叫，一些人來了，多半是在附近打籃球的高中生。其中一人撥了急救電話，另一人安慰他說：「別動。沒事兒，沒事兒，哥們兒。我知道這有多疼，肯定疼死了，但醫護人員就要來了。」

「噢，讓我死吧，讓我結果自己！」甘勤閉著眼睛，邊叫邊搖頭，但沒人懂他的漢語。

醫生發現他除了摔斷了條腿，還患有氣管炎。難怪不停地咳嗽，老發燒。醫生讓他在醫院裡待了三天，直到燒全退了。在這期間，他自殺未遂的消息成了整個北美華人社區的新聞，許多小報紙都報導了；一家慈善組織出面給他付了醫療費；甚至滕園的老闆也出了一週的名，上了兩次當地電視。大家都聽說了高霖寺的住持剝削青年和尚，苛扣他們的薪水。很多人宣布再也不給那座寺院捐款了。一位名叫愛美·廖的、三十多歲的女人來看望了甘勤；她正在競選州議員，說如果甘勤需要幫助，千萬跟她的辦公室聯繫。好幾位律師來電話，要代表他起訴寺院。而鵲起的名聲卻讓甘勤迷惑，心裡發毛。

他拄著雙拐出院後，辛蒂把他接到家中，還說服他讓她跟律師們商談，以免他們沾他的便宜。她勸他選用喬恩·馬，一個會說漢語和韓國話的上了年紀的律師，他打這類官司頗有名氣。甘勤擔心付不起訴訟費，不過馬先生告訴他：「沒從被告那裡拿到賠償金之前，你不用付錢。」

辛蒂對甘勤說：「他們會拿法庭判給你的賠償金的三分之一。」

「這是美國，」馬先生繼續說：「是法治的國家，沒有人可以欺壓別人而不受懲罰。放心吧，我們會把你的案子辦好。」

律師走後，甘勤心裡仍不踏實。他問辛蒂：「移民局怎樣處治我？要是他們驅逐我出境，我能有足夠的錢回家還債嗎？」

「現在你有辦法避免驅逐出境了——你可以申請政治避難，也可以跟一個公民或有永久居住權的人結婚。知道吧，你會很有錢，但不會富得像不用工作的百萬富翁。」

甘勤吃了一驚，想了想她的話，然後嘆氣說：「看來我不再是和尚，沒有寺院會收留我了。」

「就是說你可以自由地跟女孩約會了。」她吃吃地笑著，用手指關節揉揉鼻子。

「喔，但願那是我能學會的事情。」他盯著她，也笑了。

勝行中國萬里路

——讀《落地》兼談哈金短篇小說

顏擇雅

到目前爲止，哈金的所有短篇集在題材上都有某種一致性。第一本《好兵》寫的是七〇年代烏蘇里江畔的軍營。《光天化日》寫文革期間的農村。《新郎》是鄧小平時期的城市。這第四本《落地》則是寫紐約市皇后區的法拉盛（Flushing）。

法拉盛已有三百多年歷史，在美國算是歷史悠久，一度蕭條房價便宜，六七十年代先移入一批留在美國安家立業的台灣留學生。台美斷交後，湧入的台灣移民更多，他們所經營的旅行社、超市、書局把普通話變成鎮上比英語更通行的語言。六四之後，美國大發綠卡給中國留學生，他們再申請親友來美，來自中國的新移民就有了後來居上之勢。《落地》寫的就是這些新移民。

《落地》的故事型態略可粗分爲兩種，一種戲劇張力十足，情節自有一股急推眼球前滾的虎虎勁兒，也許是大癥結、大謎團或者大荒謬，轉折處也令人拍案叫絕。〈互聯網之災〉、〈美人〉、〈兩面夾攻〉皆屬此類。另一種則平淡自然，收尾亦不特別出人意表。讀者之所以興味盎然讀下去，被勾起的與其說是好奇心，較多的其實是同情心。隨著故事進展，讀者不知不覺愈來愈在乎書中人物。平淡的小說其實最難寫，好的小說家只需要會說故事，偉大的小說家卻必須做到興觀群怨。像〈櫻花樹後的房子〉，寫的是血汗工廠熨衣工與妓女之間的愛情，情節就平淡無奇，但我們讀完，優美而且心痛的感受卻會在心頭縈迴久久。

〈作曲家和他的鸚鵡〉也是淡而有味的愛情故事，奇特的是這次愛的對象並不是人，而是一隻鸚鵡。熟悉西洋經典的讀者一定會想起福婁拜中篇〈簡單的心〉。福婁拜的女主角是透過對鸚鵡的愛，進入出凡入聖的最高境界，並在臨終之際看見已死的鸚鵡領她上天堂。哈金作品中的鸚鵡也扮演類似的引領角色，在死後讓主角的藝術造詣更上層樓。哈金敢把大師已處理到盡善盡美的素材用自己的機杼再處理一遍，擺明就是不怕貨比貨的意思，眞是藝高膽更大。

另一篇讓人想起大師經典的作品是〈恥辱〉。情節雖與海明威〈殺人者〉全不相干，卻有幾處似曾相識。〈殺人者〉表面寫拳擊手被追殺，眞正寫的是尼克的成長。〈恥辱〉表面寫教授叛逃，骨子裡寫的則是敘事者爲什麼決定以英語寫作。篇名所指，正是敘事者對中國所感到的恥辱，結尾教授毫不羞恥地送他《海明威在中國》手稿，正是壓在敘事者恥辱上的最後一根稻草。故事中，敘事者去教授下榻處找人，餐館中來兩名不速之客，都有〈殺人者〉橋段的影子，只是順序顚倒過來。〈恥辱〉

不算是重寫海明威，只能說是向海明威名作致敬。

不過，〈恥辱〉的確是重寫，但重寫的是哈金自己的舊作：收在《新郎》中的〈一封公函〉。兩篇的教授不只學術背景相同，訪美時間亦都在八〇年代末。〈一封公函〉中有句話：「他好像根本就不知道天下還有羞恥二字。」哈金顯然意猶未盡，決定把這句話發展成另一篇故事。只是在新作中，作者對教授多了同情，少了嘲諷。

哈金在技巧上也許與中國文學沒多少淵源，素材上卻有。中文讀者看到〈英語教授〉結尾一定會想起「范進中舉」。堂堂哈佛博士，可以跟美國大學生談史坦貝克，瘋癲起來唱的竟是《紅燈記》，其中的突兀也是英語顯現不出的。這讓我想起哈金最知名的短篇之一〈光天化日〉。英語讀者只能讀到連環反諷，中文讀者卻能一眼看出是重新詮釋潘金蓮。還有本書中的〈落地〉，中文讀者也會比英語讀者感受到更多荒謬，因爲中文讀者會想到少林寺，英語讀者則沒有類似想像。

既是寫移民社會，文化衝突當然少不了，像〈孩童如敵〉、〈兩面夾攻〉都是，這兩篇應該會讓老一輩在勸下一代移民美國之前三思。哈金筆下的美國從來不是適合老年人的國度，〈養老計畫〉中養老院的洗澡方式眞是恐怖極了。

〈選擇〉表面是寫三角戀，探討的則是文化過渡。整本書裡，這一篇的三位主角應該是使用英語最自在的。三人都既中又美，也等於不中不美，故事才會如此進展。男主角若不是有提到瀋陽，有買

《世界日報》，讀者可能還以爲他在美國出生。有趣的是，他不只是全書中最融入美國的主角，也是最孤獨的。其他故事的主角感到孤獨，都是因爲還沒融入美國。這一位卻是太融入，才如此孤獨。他拒絕唸理工、法律或學醫，這對美國年輕人不算什麼，他卻因此變成華人子弟中的「怪咖」。篇名的選擇不只是他在兩個女人之間的選擇，其實還指向作爲故事前提的另一個更重要選擇：他選擇專攻美國城市史。

〈選擇〉的故事很不中國，因爲母女同戀一男，在中國（或台灣）是不可能坐下來好好談，尋求妥協之道的，只有美國人的腦袋才這麼做。女兒從頭到尾不以「父親屍骨未寒」來攻擊媽媽，中國人的腦袋可能也覺得奇怪。視追求快樂爲一種天賦人權，這在美國是立國之本，寡婦當然不例外。但是，女兒捨康乃爾而就皇后學院，說是自我犧牲，可能就輪到美國人莫名其妙了。在美國，唸大學就應該離家，賴著不搬出父母才需要擔心，怎會像這裡的母親那樣覺得欠女兒一份情？背後的原因還是華人的「養兒防老」觀念。母親已不能生育，女兒知道要把這事告訴男主角，也顯現這位小女生雖然不識漢字也不用筷子，卻非常明瞭「不孝有三，無後爲大」的文化規則。

〈選擇〉中的女兒不愛唸書，又大膽搶母親所愛，中文讀者可能會誤以爲她很美國化。英語讀者卻可能不同意。以美國的標準看，像她那樣對男主角明講：「我媽有得是錢」或「我比她更有錢」，不只沒教養，簡直笨死了。其實，許多移民家庭都有這種問題，因爲父母對美國社會也還在摸索，小孩生活中缺少人情義理的權威，才會講了笨話而不自知。她離道地的美國小孩還很遠。

〈臨時愛情〉就像許多寫婚外戀的名作，也是反應時代精神的道德故事，這裡所反應的時代精神正是中共中央喜歡掛嘴邊的那四個字：把握機遇。把握機遇可以很激勵，也可以把人變成只重利益或便利。故事中的婚外戀是爲了便利，女主角的丈夫來團聚，男主角的妻子求去，則是爲利益。〈互聯網之災〉反應的則是具有中國特色的消費主義。中國變成全球最大汽車市場，這篇故事爲我們探討一片榮景背後的心理變態。

哈金的九本小說，可以說是涵蓋中共建政以來中國社會的各個層面：城市、農村、軍隊、學校、工廠、醫院。要了解中國當代文壇生態，只需要讀《自由生活》。要去中國設廠開店，收在《新郎》中的〈牛仔炸雞進城來〉則是最好的企管教材。讀哈金九卷書，絕對勝過在中國行萬里路。他能把中國寫得那麼眞，多虧是英語寫作才變成可能。想想看，如果他像許多中文創作者一樣，也想把握大好機遇，打著兩岸三地的如意算盤，〈櫻花樹後的房子〉可能就必須刪去北京官員那一段，〈落地〉也沒辦法把宗教界貪腐寫得那麼徹底。

哈金成名後，常被拿來和康拉德或納博科夫相比。其實，除了非母語寫作之外，哈金與那兩位並無相似之處。康船長的小說從沒寫過波蘭，他是用英語寫大英帝國。納遺少則打五歲就用英語寫蝴蝶研究，英語是他的第一書寫語，他在美國成名也是寫美國事。哈金卻不同，即使場景已移到美國，探討的依然是中國。他是用略嫌稚拙的英語，寫英語讀者不算有興趣的素材。他選擇用英語寫作，一不爲錢，二不爲他英語好，純是爲了創作自由。不然，以今日中國的稿費之優，如果不是爲了寫中國，如果不是爲了百分之百的創作自由，他大可轉成中文寫作才對。

這樣的選擇，注定讓他在中美兩國文學界都感到孤獨，就像〈選擇〉男主角的處境。《落地》中許多篇都顯見哈金是寫孤獨的高手。這種孤獨是出於自由意志的選擇，比中國文學中的隱者少了點恬適，卻多了勇氣。這種精神是美國文學的重要傳統。所以說，狄瑾遜與佛洛斯特的詩，還有《頑童流浪記》與《老人與海》，才是哈金精神上的最重要傳承。

大師名作坊 114

落地

作者—哈金
譯者—哈金
副總編輯—葉美瑤
編輯—邱淑鈴
美術設計—莊謹銘
責任企劃—丘光、黃千芳
校對—陳錦生、邱淑鈴
董事長
發行人—孫思照
總經理—莫昭平
總編輯—林馨琴
出版者—時報文化出版企業股份有限公司
10803台北市和平西路三段二四〇號三樓
發行專線—（〇二）二三〇六—六八四二
讀者服務專線—〇八〇〇—二三一—七〇五
（〇二）二三〇四—七一〇三
讀者服務傳真—（〇二）二三〇四—六八五八
郵撥—一九三四四七二四時報文化出版公司
信箱—台北郵政七九～九九信箱
時報悅讀網—http://www.readingtimes.com.tw
電子郵件信箱—liter@readingtimes.com.tw
法律顧問—理律法律事務所　陳長文律師、李念祖律師
印刷—凌晨印刷有限公司
初版一刷—二〇一〇年一月十八日
初版一刷—二〇一〇年二月四日
定價—新台幣二八〇元
⊙行政院新聞局局版北市業字第八〇號

國家圖書館出版品預行編目資料

落地／哈金著／譯. -- 初版. -- 臺北市：時報文化，2010.01
面；　公分. --（大師名作坊；114）
譯自：a good fall

ISBN 978-957-13-5138-4（平裝）

874.57　　98023681

ISBN：978-957-13-5138-4
Printed in Taiwan